TANATOLOGÍA

Al negar la muerte negamos la vida

# Un buen morir

## Encontrando sentido al proceso de la muerte

Daniel Behar

EDITORIAL
PAX MÉXICO

## EL LIBRO MUERE CUANDO LO FOTOCOPIAN

Amigo lector:

La obra que usted tiene en sus manos es muy valiosa, pues el autor vertió en ella conocimientos, experiencia y años de trabajo. El editor ha procurado dar una presentación digna de su contenido y pone su empeño y recursos para difundirla ampliamente, por medio de su red de comercialización.

Cuando usted fotocopia este libro, o adquiere una copia "pirata", el autor y el editor dejan de percibir lo que les permite recuperar la inversión que han realizado, y ello fomenta el desaliento de la creación de nuevas obras.

La reproducción no autorizada de obras protegidas por el derecho de autor, además de ser un delito, daña la creatividad y limita la difusión de la cultura.

Si usted necesita un ejemplar del libro y no le es posible conseguirlo, le rogamos hacérnoslo saber. No dude en comunicarse con nosotros.

Editorial Pax México

COORDINACIÓN EDITORIAL: Matilde Schoenfeld

© 2003  Editorial Pax México, Librería Carlos Cesarman, S.A.
         Av. Cuauhtémoc 1430
         Col. Santa Cruz Atoyac
         México, D.F. 03310
         Teléfono: 5605 7677
         Fax: 5605 7600
         editorialpax@editorialpax.com
         www.editorialpax.com

Primera edición
ISBN 978-968-860-696-4
Reservados todos los derechos
Impreso en México / *Printed in Mexico*

*Dedicatoria*

A Esther, mi esposa,
con gratitud, admiración
y amor

A mis hijos:
José, Abraham y Ana
por ser mis mejores
maestros

# Índice

# Prefacio

*Aprende a vivir bien y sabrás morir mejor.*

CONFUCIO

Aun hoy, la muerte tiene el récord absoluto en lo que se refiere a infundir el temor más pavoroso al hombre en cuanto es mencionada en primera persona ("mi muerte"), de modo que preferimos ignorarla, rechazarla con todas nuestras fuerzas y finalmente designarla como la gran enemiga de la vida. Al leer esta obra esperamos que la muerte, tu muerte, deje de provocarte un tremendo espanto al descubrir en estas páginas que no tienes por qué temerle, pues más que un final, es un principio. También en estas líneas queremos revertir el proceso de negar la muerte, pues hacerlo nos lleva a negar la vida. Al mismo tiempo se muestra cómo el progreso de la medicina moderna ha confinado la muerte a los hospitales, ya que, negándola, la hace parecer insignificante, discreta e indigna.

En la actualidad es tal el avance de la medicina que se requiere que el equipo de salud, que maneja técnicas y materiales muy complejos, esté reunido en el hospital para alcanzar una eficacia plena; así, el hospital es el lugar donde se encuentran los servicios médicos más depurados y los aparatos más refinados y costosos. Esto da por resultado que los hospitales sean una especie de monopolio de la sabiduría y la enseñanza médica.

Cuando a un médico le parece que una enfermedad es grave, envía a su paciente al hospital y de esa manera prolonga la agonía, con el fin de evitar la pena. Por eso, en las grandes metrópolis actuales se ha dejado de morir en casa, al igual que se ha dejado de nacer en casa; así, morir en el hospital es consecuencia de un proceso médico, que oculta la muerte a los demás y a uno mismo. En la mayoría de los casos, la familia no intenta retener a sus moribundos en casa, pues piensa que el hospital es el lugar de la muerte normal, prevista, programada y aceptada por el equipo de salud y la mayor parte de la sociedad. Cuando la muerte llega a causa de un fracaso terapéutico transferimos con celeridad el cadáver y lo alejamos del hospital.

Por otro lado, la agonía se ha alargado, en cuyo caso, el médico no puede suprimir la muerte, pero sí demorar el momento fatal. Esta prolongación llega a convertirse en meta y por lo general el equipo de salud se niega a detener el encarnizamiento terapéutico que mantiene artificialmente una vida. No pocas veces seguimos estos procedimientos, a pesar de la presión de la familia para suprimirlos e incluso cuando hay una decisión judicial en el mismo sentido.

Así, poco a poco, la muerte ha dejado de ser admitida como un evento natural necesario y se ha ido tornando en el fracaso de la medicina; entonces, cuando la muerte llega es considerada un signo de impotencia o de torpeza, por lo cual debe ser discreta. Si bien lo más deseable es morir sin sobresalto, es conveniente que los demás se percaten de la muerte, aun cuando, el fenómeno real suscita una intensidad emocional divorciada de la serenidad "profesional" característica del personal hospitalario.

Por ello, en este libro señalamos que la muerte ha sido confinada a los hospitales, ha sido negada, y solamente cuando no es posible hacer otra cosa, hablamos de ella como un mero fenómeno accidental y de carácter estrictamente inevitable. Por tanto, ignorarla se traduce en un factor importante y necesario que contribuye determinantemente a la preservación de la eficacia del equipo de salud y el desempeño de éste.

En muchas ocasiones, el equipo de salud obliga al enfermo a permanecer incomunicado mediante la administración de grandes cantidades de sedantes, lo cual sucede por lo general en los enfermos crónicos y particularmente en fase terminal, cuando los sufrimientos suelen ser intolerables. Si bien las grandes dosis de analgésicos disminuyen las crisis, también menguan la conciencia del enfermo que sólo recupera esporádicamente, de tal manera que no alcanza a discernir si está vivo o muerto, que es el objetivo buscado muchas de las veces por el equipo de salud.

Conductas como las que hemos descrito son frecuentes en servicios mal vigilados de hospitales sin prestigio; por ello, es momento de que nuestra sociedad ponga un alto a la burocratización de los servicios de salud, porque al moribundo ya no le pertenece ni su muerte, regulada, programada y organizada como está por una burocracia cuya incompetencia sólo ha servido para producir los medios necesarios para protegerse de las tragedias de la muerte y seguir actuando impunemente, sin dignidad y sin respeto por la vida. Deseamos que esta obra contribuya, hasta donde sea posible, a sacar de su confinamiento hospitalario a la muerte, que ante todo sea reconocida y que al moribundo se le informe de su estado de acuerdo con la verdad soportable. Lo más importante es que contribuya a dignificar la muerte ayudando a un resurgimiento en nuestra sociedad de la idea de que no sólo hay un lugar para la muerte (el hospital), sino que también existen el *hospice* y la casa del moribundo.

Deseamos fervorosamente que nuestras recomendaciones refuercen la erradicación de la imagen indignante del hombre moribundo, postrado e interconectado, para dar paso a un trato cálido y humanitario, trans-hospitalario.

Para que se cumpla lo anterior, la actitud terapéutica en la fase terminal deberá orientarse a garantizar una muerte digna y, desde luego, elinimar las agresiones injustificadas. En suma, los médicos y todo el equipo de salud deben reconocer cuándo ya no es posible "curar", para que se dediquen solamente a "cuidar". Nos sentiremos plenamente satisfechos si este ejemplar ayuda a enseñar que la muerte está unida de modo inseparable a la vida. Sólo mueren los que ya han vivido y no debemos olvidar que somos los únicos seres en este planeta que saben que hemos de morir y que intuimos y experimentamos la eternidad.

# Agradecimientos

*Nacer no es el inicio, morir no es el final;*
*son comas en el libro de la vida.*

ANÓNIMO

Quiero expresar mi más sincero agradecimiento por su ayuda y apoyo a los "siete", en forma particular a Mary Carmen Musi, logoterapeuta y tanatóloga, quien me alentó y estimuló en la realización de la presente obra. Asimismo, agradezco a la tanatóloga Margarita Bravo las valiosas horas dedicadas a este trabajo.

Para enriquecer mi experiencia con pacientes en fase terminal, consulté numerosas veces principalmente a dos profesionistas de la salud y amigos muy queridos, que cuentan en su haber con una relación muy intensa y cotidiana con enfermos en fase terminal: la doctora Ida Nader, actualmente directora del Programa de Atención Domiciliaria a Enfermos Crónicos y Terminales del IMSS, y el doctor Jorge Lira, colaborador de aquélla en el mencionado programa; además, el doctor Lira se dedica a la medicina del dolor (algología) y es encargado de la clínica del dolor en el mismo programa. Les agradezco profundamente que, a pesar de sus ocupaciones múltiples, hayan encontrado tiempo para transmitirme sus valiosas experiencias.

También agradezco a la tanatóloga Anabella de Ajuria y a la doctora Mary Paz Guevara, quienes forman parte de los "siete", que siempre estuvieran en la mejor disposición de responder a mis preguntas y aclarar mis dudas.

Sin la valiosa colaboración y total entrega de los "siete", no hubiera sido posible realizar esta obra, que es una muestra de amor para todos los que han sido, somos y seguiremos formando parte de la humanidad.

# Introducción

*La muerte tiene sentido si la vida tiene sentido.*

J. MEISNER

Todos sabemos que hemos de morir algún día, pero nadie lo cree realmente. La muerte es evidente, inevitable y universal; en la dimensión de lo temporal, todo cuanto existe está condenado a morir y desaparecer. Aceptar la idea de una aniquilación total es algo difícil y raro, incluso entre quienes se dicen materialistas: aun ellos no dejan de alentar cierta esperanza de subsistir. En la actualidad hay cada día más individuos convencidos de que, en un futuro no muy lejano, las ciencias biomédicas lograrán prolongar la vida hasta límites insospechados e impedirán la vejez invalidante, agregando más años de vida útil al ser humano. Otros se conforman con sobrevivir en sus hijos, a quienes han aportado parte de su lote genético. Sin embargo, en países como Estados Unidos, Canadá y otros, cada vez más personas afirman que una sola existencia es una experiencia muy limitada para determinar el destino eterno y ya empiezan a hacer coincidir a la mística y a la física, tratando de encontrar analogía entre el mundo de la física moderna (especialmente la cuántica) con la mística oriental y la psicología transpersonal. Hoy día, se ha visto que la unidad fundamental del *universo observable* es la característica principal no sólo de la experiencia mística, sino también de las revelaciones más importantes de la física moderna.

De esa conjunción de la física y la mística se deriva una reordenación de los conocimientos acerca de la muerte, tendiente a desmitificarla para convivir con ella. Para que tenga lugar esto, nos tocará educar a los niños dentro de los lineamientos de la pedagogía tanatológica, lo cual dará como resultado que en un futuro todos los hombres, sin distinción de raza y origen, no sólo vivan decorosamente, sino también mueran con dignidad.

El último tributo que debemos a la vida es una muerte digna y buena, sin tristeza, ni amargura, ni lamento ni temor. Hay que morir con libertad, sin aferrarse a la vida, quedarse dormido dejándose llevar por la corriente, fluir, ir, trascender, sin importar las circunstancias de la muerte o de la vida.

Elegir una buena vida es escoger una buena muerte. Morir es parte del drama de vivir: todos mueren pero no todos viven, sino que muchos sólo existen, lo cual da realidad a la famosa frase: "*La muerte es más universal que la vida*".

# Capítulo 1

# Nace una nueva ciencia

*En esos primeros días de lo que se vendría a llamar el nacimiento de la tanatología o estudio de la muerte, mi mejor maestra fue una negra del personal de limpieza.*[1]

ELIZABETH KÜBLER ROSS

*Los maestros se presentan en toda clase de disfraces.*

ELIZABETH KÜBLER ROSS

El término tanatología, "la ciencia de la muerte", fue acuñado en 1901 por el médico ruso Elías Metchnikoff, quien en 1908 recibió el Premio Nobel de Medicina por sus trabajos que culminaron con la teoría de la fagocitosis. En ese momento, la tanatología fue considerada una rama de la medicina forense que trataba de la muerte y de todo lo relativo a los cadáveres desde el punto de vista médico-legal.

En 1930, como resultado de grandes avances en la medicina, empezó un período que confinaba la muerte a los hospitales, y en la década de 1950 esto se generalizó cada vez más. Así, el cuidado de los enfermos en fase terminal fue trasladado de la casa a las instituciones hospitalarias, de modo que la sociedad de la época "escondió" la muerte en un afán de hacerla menos visible, para no recordar los horrores de la guerra que acababa de terminar.

Después, en la década de 1960, se realizaron estudios serios (sobre todo en Inglaterra) que muestran que la pre-

---

[1] La negra dejó de formar parte del personal de limpieza y se convirtió en la primera ayudante de la doctora Kübler Ross.

sencia de los familiares durante la muerte de un ser querido se vio disminuida a sólo 25%. Durante esa época se hizo creer a todos que la muerte era algo sin importancia, ya que al ocultarla se le despojaba de su sentido trágico y llegaba a ser un hecho ordinario, tecnificado y programado, de tal manera que fue relegada y se le consideró insignificante. Sin embargo, a mediados del siglo pasado los psiquiatras Eissler (en su obra *El psiquiatra y el paciente moribundo,* y Elizabeth Kübler Ross (en su libro *Sobre la muerte y los moribundos*) dieron a la tanatología otro enfoque que ha prevalecido en la actualidad y que veremos después de analizar la etimología del término *tanatología.*

El vocablo *tanatos* deriva del griego *Thanatos,* nombre que en la mitología griega se daba a la diosa de la muerte, hija de la noche, denominada *Eufrone* o *Eubolia,* que quiere decir "madre del buen consejo". La noche tuvo a su hija (la muerte o Tanatos) sin la participación de un varón, por lo cual muchos la consideran diosa; no obstante, algunas veces, también la diosa de la muerte es representada por un genio alado. La muerte es hermana del sueño, al cual se daba el nombre de *Hipnos* o *Somnus,* que también era hijo de la noche o Eufrone, pero él si tenía padre, *Erebo* o el infierno quien, además de esposo, era hermano de la noche y tanto él como ella eran hijos del Caos. De ahí que la Muerte o Tanatos sea sobrina de Erebo o el infierno y nieta del *Caos.*

Tanatos (la muerte) es representada con una guadaña, una ánfora y una mariposa: la guadaña indica que los hombres son cegados en masa como las flores y las yerbas efímeras, el ánfora sirve para guardar las cenizas, y la mariposa que vuela es emblema de la *esperanza en otra vida.*

A la muerte se le ubicaba geográficamente en una región comprendida entre dos territorios de la antigua Hélade: a la derecha el territorio de la noche (su madre) y a la izquierda el territorio del sueño (su hermano). La muerte o Tanatos es una deidad capaz de sanar todos los males, pero como es la única entre todos los dioses que no acepta dádivas, nunca cura a nadie. A su vez, *logos* deriva del griego *logos*, que tiene varios significados: palabra, razón, estudio, tratado, discurso, sentido, etcétera. La gran mayoría de filósofos griegos le daba la acepción de *sentido*, pero el que haya prevalecido como estudio, tratado u otro se debe a errores interpretativos con el transcurso del tiempo, uno de los cuales fue tomar la acepción correspondiente al vocablo *legos*. Para efectos de esta obra, retomaremos para el vocablo logos el significado de *sentido*.

De allí que la tanatología pueda definirse etimológicamente como "**la ciencia encargada de encontrar sentido al proceso de muerte**" (dar razón de la esencia del fenómeno).

La doctora Elizabeth Kübler Ross se dio cuenta de los fenómenos psicológicos que acompañan a los enfermos en fase terminal durante el proceso de muerte, por lo que define a la tanatología moderna como "**una instancia de atención a los moribundos**"; por ello, es considerada la fundadora de esta nueva ciencia. Con su labor, dicha psiquiatra hace sentir a los agonizantes que son miembros útiles y valiosos de la sociedad, y para tal fin crea clínicas y *hospices* cuyo lema es "**ayudar a los enfermos en fase terminal a vivir gratamente, sin dolor y respetando sus exigencias éticas**".

La nueva tanatología tiene como objetivo fomentar y desarrollar holísticamente las potencialidades del ser humano, en particular de los jóvenes, para enfrentar con éxito la difícil pero gratificante tarea de contrarrestar los efectos destructivos de la "cultura de la muerte", mediante una existencia cargada de sentido, optimismo y creatividad, en la que el trabajo sea un placer y el humanismo una realidad.

*La muerte es sólo un paso más hacia la forma de vida en otra frecuencia, y el instante de la muerte es una experiencia única, bella, liberadora, que se vive sin temor y sin angustia.*

ELIZABETH KÜBLER ROSS

# Capítulo 2

# Vivir bien nos conduce
# a un bien morir

*La vida es eterna y el amor es inmortal;*
*y la muerte sólo es un horizonte;*
*y el horizonte no es sino el límite de nuestra vista.*

R. W. RAYMOND

En la actualidad, la nueva tanatología empieza a cobrar la importancia que debe tener en cuanto a enseñar a morir, por lo cual nos encontramos ante el nacimiento de una serie de ramas de esta nueva ciencia, a saber:

- Tanatología filosófica.
- Tanatología médica.
- Tanatología psicológica.
- Tanatología antropológica.
- Tanatología sociológica.
- Tanatología pedagógica.

La tanatología pedagógica es quizá la que hoy día tiene mayor relevancia, porque en el nuevo milenio nuestra sociedad *todavía* prefiere ignorar la muerte, en vez de empezar a respetarla y *dignificarla*. Para que esto suceda, los padres tendrán que acostumbrarse a hablar con sus hijos acerca de la muerte, como también deberán hacerlo los maestros con sus alumnos; pero es aún más grave que, en la época que vivimos, la gran mayoría de los médicos evita hablar "claramente" de ello con sus enfermos.

Decir la verdad al paciente es no mentir, ni aumentar el temor, la ansiedad o la preocupación, para lo cual debemos expresar al paciente todo lo que gradualmente pueda soportar de lo que sabemos acerca de su estado; asimismo, debemos aportar información relacionada con la gravedad clínica, procurando no dar plazos a su vida y de la misma manera, informar a su familia.

En la actualidad muchos enfermos en fase terminal se inhiben y ocultan sus sentimientos, con lo que dificultan todo tipo de apoyo y se aíslan. Esto es parcialmente resultado de los cambios en las actitudes y comportamiento de las personas que le rodean, lo cual no sucedería si la tanatología pedagógica fuera una materia de estudio en nuestras escuelas y universidades. Por ello la insistencia en que la tanatología pedagógica tiene una importancia determinante en cuanto a aclarar y transformar nuestra actitud frente a la muerte. La nueva tanatología deberá propiciar esta enseñanza para beneficio de la comunicación con el enfermo en fase terminal, así como con sus familiares, amigos y su entorno.

Las instituciones que en México se dedican a la nueva tanatología, suelen destacar la importancia central de la *tanatología pedagógica*, ya que uno de los problemas más graves que enfrentamos es la escasa formación que reciben los estudiantes en las facultades de medicina, porque casi nada se les enseña en relación con las habilidades necesarias que deben desarrollar para relacionarse con el enfermo en fase terminal, y con las diferentes etapas por las que atraviesan tanto él como la gente que le rodea. Tampoco reciben formación suficiente para ayudar al enfermo en fase terminal a librar la última batalla de su vida física.

Y como dice Elizabeth Kübler Ross:

*Todas las teorías y toda la ciencia del mundo no pueden ayudar a nadie tanto como un ser humano que no teme abrir su corazón a otro.*

# Capítulo 3

# Un modelo mexicano

*La muerte que hasta el presente sólo infundía
en el hombre moderno un pavoroso temor, de tal
modo que se prefería ignorarla, rechazándola con
pleno conocimiento como la enemiga de la
vida, va dejando de provocar espanto.*

ELIZABETH KÜBLER ROSS[1]

Como se mencionó en el capítulo 2, la nueva tanatología ha adquirido gran importancia a nivel mundial y México no es la excepción, pues han aparecido instituciones de vanguardia que permiten hablar de un modelo mexicano.

Una de tales instituciones considera que su función principal es responder y atender los requerimientos y necesidades de los enfermos crónicos y en fase terminal, así como a aquellas personas que han sufrido una pérdida significativa, a sus familiares y su entorno, ayudándoles a reencontrar el sentido de su existencia y respetando su marco de valores y creencias. Para ello, promueve la interacción de las diferentes organizaciones afines y complementarias a la nueva tanatología, con el propósito de difundir los principios y valores de ésta respondiendo a las necesidades físicas, psicológicas, emocionales, sociales y espirituales del enfermo crónico y en fase terminal, así como de quienes le cuidan desde una perspectiva científica y humanística.

---

[1] Por medio de sus investigaciones, descubrió que no tenemos por qué *temer a la muerte*, pues ésta no es el *fin*, sino un *amanecer*.

9

Los objetivos particulares de la nueva tanatología son contribuir a que el enfermo crónico y en fase terminal viva con dignidad su proceso de muerte y llegue, junto con sus familiares, amigos y entorno, a la aceptación de ésta ubicándolos en la realidad del desenlace para disminuir el dolor de la pérdida. Y, finalmente, tender un enlace que permita captar las inquietudes de la comunidad respecto al proceso de muerte.

Dicha institución desarrolla programas, técnicas y medios de atención tanatológica tanto en hospitales como a domicilio y en *hospices*, interactuando en las áreas médica, psicológica, social y espiritual; también realiza investigaciones de índole científica en relación con el proceso de muerte. Además, esta institución, única en nuestro medio, proporciona espacios cómodos, bellos y espirituales para fortalecer la confianza y contrarrestar los efectos adversos, tanto físicos como emocionales, producto de una pérdida significativa y del proceso de morir. Asimismo, capacita desde el enfoque de la nueva tanatología a equipos de salud de instituciones públicas y privadas por medio de cursos especializados, diplomados y grados académicos, los cuales contribuirán al logro de la excelencia en la prestación de servicios tanatológicos y de las áreas complementarias y afines a ésta. A su vez, brinda a los familiares de los enfermos en fase terminal instrucción en los cuidados en casa, así como capacitación en el manejo emocional y social del proceso de pérdida significativa y muerte, definiendo y fortaleciendo la relación familiar con el enfermo. Para lograrlo, imparte conferencias, cursos, talleres y diplomados de carácter introductorio y general; publica textos de divulgación general y un boletín en el que informa periódicamente sus actividades.

Tal institución se preocupa por difundir información actualizada y relevante de los principales aspectos tanatológicos, lo cual coadyuva a crear una síntesis del arte del bien vivir y del bien morir.

En la actualidad, los avances científicos han incrementado la esperanza de vida, lo cual, aunado al crecimiento demográfico y a la aparición de nuevas enfermedades, da como resultado un aumento significativo de pacientes adultos mayores, crónicos y en fase terminal. Esto contrasta con el número de hospitales e instituciones de salud pública y privada que existen en nuestro país y que son insuficientes para atender la demanda.

Lo anterior pone de manifiesto la imposibilidad –por lo menos a corto plazo– de incrementar el número de unidades hospitalarias que satisfagan la demanda, así como el alto costo que representa el manejo de dichos enfermos dentro de la medicina institucional. Con base en estos datos ha sido propuesta a las autoridades, instancias de salud y sociedad en general, una alternativa para resolver tales problemas: el retorno a la antigua forma de atender a los pacientes en su casa.

Tal solución comienza a tomar fuerza, pues da al enfermo crónico y en fase terminal la posibilidad de permanecer en su entorno familiar. Además, la atención a domicilio representa un gran ahorro en cuanto al costo, pues cada vez hay menos recursos para atender sus necesidades en las instituciones hospitalarias: por ello, para dichos enfermos, la atención en el hogar, cuando es posible, resulta más adecuada y permite vivir los últimos momentos con dignidad, sin perder la autonomía, a la vez que da a los familiares la oportunidad de atender, cuidar y amar a su ser querido.

Podemos cerrar esta idea con un pensamiento de Elizabeth Kübler Ross:

*El mejor servicio que un médico puede prestar a un enfermo es ser una persona amable, atenta, cariñosa y sensible.*

# Capítulo 4

# ¿Morir hospitalizado o en casa?

*Todo el desarrollo alcanzado por la sociedad
se revela en fracaso a la hora de atender a sus moribundos;
éstos son abandonados justo en el momento en que
más necesitan una compañía para seguir
sintiéndose personas.*

NORBERT ELÍAS

Es probable y posible que la familia realmente desee que el enfermo en fase terminal permanezca en casa, pero quizá no vislumbre lo que esto implica. Por ejemplo: en algunos casos, el enfermo puede presentar incontinencia y semiinconsciencia, por lo cual hay que hacer constantes cambios de posición para evitar la ulceración de la piel o escaras, además de necesitar una alimentación especial, mucho cuidado y paciencia al asearlo, etcétera. Después de evaluar en detalle lo anterior, la familia empieza a tener dudas de la permanencia del enfermo en casa y teme no estar preparada para enfrentar la situación.

Siempre que el enfermo desee permanecer en casa y si la familia no estuviera preparada, lo ideal sería que en su localidad obtuviera ayuda especializada en cuidados integrales a domicilio, lo cual contribuye de forma significativa a reducir la tensión. Este trabajo en forma conjunta permite al enfermo en fase terminal permanecer adecuadamente en el entorno familiar rodeado de sus seres queridos y amigos.

Puede ocurrir que el moribundo exprese su deseo de permanecer en un hospital donde esté tranquilo, pero quizá lo haga pensando en no ser una carga pesada para la familia. De una manera u otra, ya sea en un hospital o en casa, la familia deberá dar al enfermo su total apoyo y amor, ya que esto es lo más necesario para él en esos momentos; además, deben escucharlo con paciencia y prestar atención a todo lo que diga sin discutir con él ni contradecirle. Tampoco hay que obligarlo a tratar asuntos prácticos (como la redacción de un testamento) si él no lo acepta, pues el moribundo requiere un estado mental sereno y tranquilo que le permita reunir sus pocas energías para realizarlo en otro momento. Debemos entender que cuando se aproxima la muerte, hay un punto en el cual la mayoría de las personas pierde interés por lo que le rodea, y se aísla de quienes están a su alrededor para entrar en trance y en éste, ver o escuchar cosas que los demás no pueden percibir.

Los familiares no deben interpretar lo anterior como un deterioro mental o de memoria del enfermo en fase terminal, sino que su audición y comprensión posiblemente estén aún más agudizadas que antes. Muchas veces, el equipo de salud ha observado que la percepción extrasensorial se desarrolla e intensifica durante una enfermedad grave o terminal.

Es difícil proporcionar al enfermo en fase terminal un ambiente tranquilo en un hospital, pues aunque la familia y los amigos permanezcan serenos, puede haber cerca otros pacientes ruidosos, fuera de control, además del ajetreo y los ruidos propios de la institución.

Aunque el enfermo en fase terminal tiende a aislarse, debemos aprovechar todas las oportunidades para demostrarle afecto y amor, así como sostener su mano, abrazarlo, besarlo o sólo sentarnos en silencio junto a él e irradiarle amor, porque esto disminuye su temor y, no obstante que observemos poca respuesta, de seguro nuestra presencia es tranquilizadora.

Es importante hacer énfasis en que cualquier indicación que haga el enfermo en fase terminal, en el sentido de que desea estar solo, debe ser respetada.

Por último, debemos crear un ambiente sereno y cómodo ya sea en un hospital o en casa, como arreglar el cuarto donde se encuentra o poner alguna foto de alguien a quien él ame y no pueda estar presente, colocándola donde la vea sin dificultad. Asimismo, debemos abstenernos de hacer comentarios en relación con sus necesidades y su estado mental, además de ayudarle a seguir adelante, con ecuanimidad, en su viaje hacia el estado siguiente.

*La muerte no es más que un cambio de misión.*

LEÓN TOLSTOI

# Capítulo 5

# El *hospice* moderno: Una afirmación piadosa de la vida

*Morir es una pesadilla en un hospital deprimente y triste,*
*pero también puede ser un tiempo de crecimiento,*
*creatividad y paz en un hospice*
*diseñado para tal fin.*

ELIZABETH KÜBLER ROSS

En ocasiones, sanar no significa necesariamente curar una enfermedad, sino cuidar, controlar el dolor, dignificar, consolar y apoyar en las últimas horas a quienes se ven despojados, quieran o no, de su libertad de elegir. Casi siempre estos enfermos se encuentran en la unidad de cuidados intensivos de los hospitales, tratados como objetos o enfermedades y *pocas veces* como seres dignos.

En defensa y dignificación de los enfermos crónicos y en fase terminal, durante la década de 1960, surgió el movimiento de los *hospices* primero en Inglaterra y luego en Estados Unidos, encabezado por profesionales de la salud insatisfechos con la calidad del cuidado proporcionado a los enfermos que padecían enfermedades crónicas y a los enfermos en fase terminal.

La primera noticia de cuidados paliativos se tuvo en Roma en el siglo V d.C., cuando una romana llamada Fabiola, discípula de san Jerónimo, fundó una unidad de cuidados paliativos para atender a los peregrinos procedentes de África.

En un afán por brindar los cuidados más adecuados a estos enfermos, fue redescubierto el concepto medieval de hospicio. Así, en la Edad Media la Orden Templaria promovió la creación de centros para atender peregrinos y enfermos que regresaban de las cruzadas.

*Hospicio* proviene de la palabra latina *Hospes*, que significa tanto anfitrión como huésped y con ella se designaba la costumbre romana y griega de dar acogida a los viajeros y ofrecerles regalos.

En Malta, en 1065, los caballeros hospitalarios de la orden de San Juan de Jerusalen fundaron uno de los hospicios más famosos. A su vez, en 1600, san Vicente de Paul fundó en Francia la Hermandad de la Caridad, que estableció hospicios por todo el territorio para cuidar a los enfermos más pobres y necesitados.

Hospicio significa hospitalidad y en la Edad Media, el hospicio era el lugar de la hospitalidad, donde recibían ayuda los viajeros, peregrinos y enfermos, especialmente los incurables. Uno de los hospicios más famosos en aquella época fue el de Los Caballeros Hospitalarios de Rodas. Por lo general, los hospicios tenían la doble función de servir y ayudar, algunos dirigidos por religiosos y otros por quienes sólo tenían la vocación de servir.

La primera institución que empleó la palabra *hospice*, en el sentido especial de cuidado a los moribundos, fue fundada en 1842 por madame Jeanne Garnier, en Francia. A su vez, en 1850, la monja irlandesa Mary Aikenhead fundó en Dublín un centro para atender a los enfermos incurables y moribundos y lo denominó con el viejo nombre medieval de *hospice* u *hospicio*: *Our Lady's Hospice*. Además, fundó una nueva orden de monjas, Las Hermanas Irlandesas de la

Caridad que en 1906 inauguraron en Londres el *Saint Joseph's Hospice*, con el propósito de cuidar a enfermos tuberculosos y donde, en la actualidad, se atiende a numerosos enfermos en fase terminal. Desde entonces el término *hospicio* se convirtió en sinónimo de cuidado a pacientes moribundos.

En 1879 fue fundado el *hospice* de *Saint Vincent* en Dublín. Asimismo, antes de abrir el *Saint Joseph's* –como mencionamos– en 1906, abrieron dos *hospices* en Londres en 1894: el *Saint Luke's*, fundado por el ministro metodista míster Barret (hoy llamado *Hereford Lodge*,) y el *Hostel of God* que, aunque fundado por las hermanas anglicanas, ahora es laico y se denomina *Trinity Hospice*. A su vez, Rose Hamthorne fundó en 1899, en Nueva York, la orden dominicana de monjas, la cual estableció un *hospice* en ese año y en la misma ciudad.

En nuestros días, esta actitud de servicio casi ha desaparecido en el hospital moderno, debido principalmente a que nuestra sociedad niega la muerte pues ésta, a su vez, niega todos los logros –tanto individuales como sociales– y pone de manifiesto que *todos nuestros placeres y logros son temporales*. La muerte amenaza nuestros mitos y nuestra omnipotencia técnica y, como dice Arnold Toynbee, *la muerte es antinorteamericana*.

Sin embargo, el gran impulso y desarrollo de los *hospices* modernos se debe a Cicely Saunders quien, en 1967, estableció en Londres el primer *hospice*, –*Saint Christopher's*– y dos años después inauguró el servicio de cuidados a domicilio. Dicho hospicio es uno de los centros más importantes para el cuidado de los moribundos, donde proporcionan lo que Cicely Saunders llamó *protección piadosa*.

Pero la visión de Saunders era atender las necesidades físicas, psíquicas, emocionales y espirituales del individuo, y para llevarlo a cabo ideó un ambiente separado de la línea central de los servicios médicos hospitalarios, donde pudiera involucrar tanto al enfermo como a sus familiares. Saunders revolucionó el abordaje terapéutico del dolor y otros síntomas molestos en los moribundos, destacando el derecho de los pacientes a tener una muerte digna y tranquila.

Con el auge de la medicina paliativa, el concepto de *hospice* creció e hizo que en el mismo *hospice* se proporcione un cuidado integral y holístico, interceptando al enfermo en fase terminal en etapas más tempranas de la enfermedad. Actualmente, la finalidad principal de un *hospice* es elevar al máximo la calidad de vida del enfermo en fase terminal, en un afán por controlar los síntomas más que la afección. Esto no excluye que, en caso de haber un tratamiento para su padecimiento, éste sea administrado.

El *hospice* moderno no sólo es una clínica en la cual existen programas para ayudar a los enfermos en fase terminal a vivir hasta el día en que abandonen su cuerpo, sino también un centro de ayuda para enfermos crónicos y en fase terminal, que brinda programas para control del dolor físico, asistencia médica, psicológica, social, y espiritual, y uno más para la reelaboración racional del fenómeno, del concepto y de la vivencia existencial de la muerte.

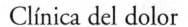

# Capítulo 6

# Clínica del dolor

*¿Quién le enseñó todo esto, doctor?*
*La respuesta fue instantánea:*
*el sufrimiento.*
ALBERT CAMUS
en *LA PESTE*.

El Programa de Control del Dolor Físico tiene como objetivos prevenir, controlar y suprimir el dolor físico del enfermo crónico y en fase terminal, para lo cual se requiere –siempre que sea posible– su consentimiento, pues de esa manera participa y mantiene una calma relativa, que redunda en mayores posibilidades de éxito.

Para que al prevenir, controlar y suprimir el dolor físico se impida su recuerdo y el temor de que reaparezca, debemos considerar lo que la Organización Mundial de la Salud ha denominado una *progresión analgésica*, la cual deberá llevarse a cabo bajo el control y supervisión de un médico especializado en medicina del dolor o algólogo, quien habrá de usar técnicas comparativas para cubrir lo más satisfactoriamente posible las necesidades del enfermo.

La progresión analgésica va de los medicamentos no opiáceos –como aspirina y paracetamol– a los opiáceos suaves –como codeína y dihidrocodeína– hasta llegar a los opiáceos fuertes –como morfina y heroína–, todo ello, de ser posible, sin provocar somnolencia o alterar la capacidad de comunicación, ni causar las insuficiencias relacionadas con una intoxicación medicamentosa.

Otra labor no menos importante es proporcionar al enfermo crónico y en fase terminal la mayor comodidad, impedir la angustia y el insomnio con la ayuda de ansiolíticos derivados de las benzodiacepinas y de los carbamatos y, en los casos más graves, antidepresivos con efecto sedante y ansiolítico.

Uno de los síntomas más molestos y sumamente angustiosos es la obstrucción faringotraqueal, la cual es preciso aliviar o suprimir mediante intubación de la tráquea; asimismo, debemos administrar al enfermo atropina, escopolamina e incluso corticoides que disminuyan la hipersecreción bronquial. También es necesario combatir de forma eficaz el estreñimiento, los vómitos, la deshidratación, la tos, las náuseas, etcétera. Es criticable la actuación de muchos médicos a quienes sólo les preocupa la enfermedad que deben tratar, pero se olvidan del bienestar general del enfermo y no pasan de la curación a la acción paliativa.

*Vivir es no sólo existir, sino existir y crear, saber sufrir y gozar, y en vez de dormir soñar.*

FERNANDO SAVATER

# El sentido del dolor

*Sólo una cosa enseño:*
*el sufrimiento, sus causas y*
*la forma de sobreponerse a ellas.*

SIDDHARTA GAUTAMA BUDA

Los seres humanos no deberíamos preocuparnos mucho por lo que sufrimos, sino porque muchos no sabemos sufrir. El dolor es una señal que emite nuestro organismo y que puede ser física, moral o espiritual. Por medio del dolor podemos conocernos mejor y encontrar que nuestro sufrimiento tiene un sentido profundo. En la actualidad, la sociedad tiene como objetivo médico principal la erradicación del dolor y el sufrimiento, buscando aliviar y curar tanto el cuerpo como el alma del ser humano que los padece.

En realidad, morir es parte de vivir y el dolor constituye la experiencia sensorial desagradable que permite al hombre tener conciencia de su ser real y verdadero. La experiencia del dolor varía de una persona a otra; se ve influida por aspectos no sólo orgánicos sino también psicosociales; y tiene como función limitar el daño, por lo que está presente en la mayoría de las enfermedades. En condiciones normales, el dolor es una señal de alarma que indica que algo no funciona normalmente; por ende, el dolor se puede aliviar cuando se elimina la causa. El manejo farmacológico del dolor puede guiarse inicialmente por medio de la progresión analgésica o escalera analgésica recomendada por la Organización Mundial de la Salud y descrita en el capítulo 6. Sin embargo, haremos hincapié en que, para tener un buen control farmacológico del dolor, es importante informar al enfermo acerca de los efectos benéficos y colaterales que puede esperar de los fármacos, y del empleo que se dará a estos últimos.

## Sufrimiento y dolor existencial

Cuando nos separamos de aquello a lo cual tratamos de aferrarnos, sufrimos. Por ello, el cambio nos parece sufrimiento y tanto el mundo como sus constantes transiciones son causa de sufrimiento. Sin embargo, no lo serían si *disfrutáramos los cambios*, pues son oportunidades que nos permiten conocer más profundamente la naturaleza de las cosas y de los seres, desarticular las causas del dolor y el sufrimiento y brindar al enfermo un estado de calma, paz y alegría.

## Dolor físico

La doctora Cicely Saunders, quien –como hemos mencionado– fundó y dirigió el *hospice* de *Saint Christopher's*, ideó el concepto de *dolor total*, que definió como sigue:

> El dolor parte no sólo de un estímulo físico sino también de la compleja interacción de varios factores, como los estados emocionales, el desarrollo espiritual, el acondicionamiento cultural, el temor a la enfermedad causante del dolor, el temor a que la muerte sea la consecuencia final, y la percepción de la propia condición en relación con la causa del dolor. Además de la percepción de las *circunstancias totales de la vida*, la forma como aprendimos a relacionarnos con el dolor en la infancia, la fatiga

e incluso, en algún momento, el grado de distracción del dolor, influyen en la sensación.

Se ha demostrado que la música, el ruido blanco y la hipnosis pueden elevar el umbral del dolor, en tanto que el miedo, el estrés y la fatiga lo reducen considerablemente. Quien sufre dolor crónico ha aprendido a concentrarse en actividades absorbentes que reducen el dolor.

El dolor crónico es consecuencia muchas veces de una mala comprensión de la fuente o fuentes del mismo. Amigos, parientes, médicos, enfermeras y quienes rodean al enfermo crónico y en fase terminal pueden, con sus actitudes y respuestas, ayudar a aliviar el dolor. Los médicos deberían visitar con más frecuencia a los enfermos en fase terminal, ya que casi siempre los abandonan. No importa cuánto pueda llegar a saber un médico, pues si no tiene tiempo para charlar, escuchar, ser amable y afectuoso con un enfermo en fase terminal, si nada sabe del beneficio de ese tiempo y esos sentimientos, desconocerá la prescripción por autonomasia: el afecto.

## Control del dolor

La finalidad de controlar el dolor es incrementar el nivel de conciencia del enfermo en fase terminal y hacer que se halle más cómodo. El dolor de cada individuo es personal y está basado en sus experiencias y expectativas de vida, así como en los demás factores mencionados, por lo que no hay reglas generales para poner fin o reducir éste.

Al aliviar el dolor existencial se reduce el dolor físico; por ende, como dice Albert Camus, el dolor —y en particular el sufrimiento, que es el componente psíquico del dolor— puede ser el mejor maestro de la vida. Cuando padecemos un dolor avasallador ocurre algo imperceptible y cuando éste desaparece ya no somos los mismos. Sin embargo, existe un punto en el cual el dolor deja de ser útil: es el caso de algunos enfermos crónicos y en fase terminal que padecen dolores tan agudos y constantes que los aíslan por completo de otras experiencias. Un dolor así los aleja de todo contacto, destruye su personalidad y les impide todo tipo de reflexión o crecimiento espiritual. Por tanto, cualquier acción para aliviar el dolor deberá ser aplicada sin alterar las facultades mentales.

# Capítulo 8

# Medicina paliativa

*Todos los seres humanos, como verdaderos*
*hermanos y hermanas, estamos unidos por el*
*dolor y sólo existimos para soportar*
*penurias y crecer espiritualmente.*

ELIZABETH KÜBLER ROSS

*Paliar* es un término que deriva del latín *paliare*, que significa tapar, encubrir, disimular, etcétera. Podemos definir la medicina paliativa como la rama de la medicina que se encarga de disimular, mitigar y moderar el rigor o la violencia de ciertos procesos.

En el nuevo milenio deseamos que todos los enfermos, tanto los que recuperen la salud como los que van a morir, tengan el más alto grado de calidad de vida y comodidad. La medicina tiene, entre sus objetivos principales, curar al paciente, aumentar la supervivencia, *mejorar la calidad de vida y aliviar los síntomas.* Para conseguirlo, utiliza tecnologías de punta que a veces conllevan el deterioro de la calidad de vida.

La medicina paliativa es una concepción muy antigua y complementaria de la medicina curativa y constituye una terapia de soporte muy importante cuya aplicación no se limita a los enfermos en fase terminal. Los cuidados paliativos de enfermos en fase terminal representan un aspecto del concepto de medicina paliativa que abarca el tratamiento del dolor y otros factores, los cuales deben tenerse en cuenta desde el momento del diagnóstico y al comienzo del tratamiento prescrito por el médico.

En medicina paliativa, el objeto de estudio es el enfermo y el respeto de su dignidad durante la enfermedad, pues el enfermo no es un número de cama en un gran hospital ni uno más en una serie de ensayos clínicos. El objeto de la medicina paliativa es, como dice Miguel de Unamuno: "El hombre de carne y hueso, el que nace, sufre, duerme, piensa y quiere; el hombre que se ve y a quien se oye; el hermano, el verdadero hermano".

La dignidad humana se fundamenta en la libertad, es la voluntad para hacer o no un acto, para cumplir o abandonar nuestras metas y para determinar la dirección o el "sentido" de nuestra existencia.

La medicina paliativa forma parte de una concepción antropomédica que considera al paciente como un ente integral que consulta al médico en busca de remedio, pero para dar con el tratamiento correcto, es indefectible concebirlo en un marco holístico, es decir, considerando las consecuencias físicas, psíquicas, económicas y sociales, del mismo. El enfoque holístico del enfermo se basa en una comunicación eficaz, tanto con él como con su familia y su entorno.

Para que la terapia sea efectiva, tenemos que combinar el tratamiento medicamentoso con la dieta y el apoyo psíquico, y esto sólo deriva de una profunda comprensión de la naturaleza humana, la cual debiera imperar en todo el ámbito de la medicina.

Es muy importante señalar una vez más que los equipos dedicados a atender a los enfermos en fase terminal deben ser multidisciplinarios e interdisciplinarios, es decir, tenemos que integrar tanto a médicos, enfermeras y trabajadores sociales, como a psicólogos, tanatólogos y guías espirituales. Uno de los aspectos más relevantes de la medicina paliativa es la comunicación entre los integrantes del equipo multidisciplinario e interdisciplinario.

Según la Organización Mundial de la Salud, los cuidados paliativos se definen como:

El cuidado total de los pacientes cuya enfermedad no responde al tratamiento activo con finalidad curativa. El control del dolor y otros síntomas físicos, así como la atención de los problemas psicológicos, sociales y espirituales son de especial relevancia. El objetivo de los cuidados paliativos es conseguir la mejor calidad de vida para el paciente y su familia. Muchos de los aspectos de los cuidados paliativos deben emplearse en estadios más precoces de la enfermedad, en combinación con tratamientos activos de índole curativa.

Los cuidados paliativos están encaminados a controlar los síntomas físicos molestos; entre otros, ciertas técnicas de rehabilitación conducentes a que el enfermo crónico y en fase terminal pueda vivir lo más plenamente y con la mayor calidad de vida que su enfermedad lo permita. Dichos cuidados son la parte medular de lo que se ha denominado *atención permanente* y que atiende a las necesidades psíquicas, emocionales, espirituales y sociales, proporcionando apoyo tanto al enfermo como a sus familiares.

Entre los cuidados paliativos, un elemento importante es el lugar donde el enfermo desea que ocurran la fase final de su enfermedad y la muerte, por lo que siempre deberemos respetar, hasta donde sea posible, el lugar elegido por él. Dado lo anterior, cabe hacer énfasis en aumentar durante el tratamiento la relación con el enfermo crónico y en fase terminal.

*Amar significa vivir sin ansiedad ni miedo al futuro.*

ELIZABETH KÜBLER ROSS

# Capítulo 9

# Unidad de cuidados paliativos

*La muerte que hasta el presente sólo infundía*
*en el hombre moderno un pavoroso temor, de tal*
*modo que se prefería ignorarla, rechazarla, con*
*pleno conocimiento, como la enemiga de la vida,*
*va dejando de provocar espanto.*

ELIZABETH KÜBLER ROSS

La Unidad de Cuidados Paliativos requiere un equipo multidisciplinario e interdisciplinario que incluye personal médico, enfermeras, trabajadores sociales, psicólogos, tanatólogos y guías espirituales que hayan tomado cursos de tanatología. Los servicios deberán estar disponibles las 24 horas del día durante los 365 días del año y la finalidad de dicha unidad será disminuir el sufrimiento, de suerte que los cuidados paliativos estarán encaminados no sólo a aliviar los síntomas, sino a dar apoyo emocional y ayuda tanto al enfermo en fase terminal como a su familia.

El binomio multi-interdisciplinario es un conjunto de disciplinas interactuantes, aplicado en la solución de un problema complejo; comprende toda suerte de acciones sincrónicas y sucesivas. Un equipo de especialistas así integrado habrá de idear los programas, estrategias, métodos y medios para enfrentar los problemas del enfermo crónico y del enfermo terminal, implicando al personal técnico, paramédico y a los familiares y amigos del paciente.

La definición de cuidados paliativos, dada por la Organización Mundial de la Salud, puede resumirse en los puntos siguientes:

- Cuidados totales al enfermo y a la familia.
- Atención de las necesidades físicas, psíquicas, sociales y espirituales.
- Pueden continuar hasta el duelo.

Los cuidados paliativos debe aplicarlos el equipo multidisciplinario e interdisciplinario y van dirigidos a enfermos cuya expectativa no es la curación. Cuando se recibe el diagnóstico de enfermedad terminal, el enfermo y su familia experimentan un intenso sufrimiento y empiezan a vivir la pérdida. Durante este período, la atención integral para mejorar la calidad de vida y alcanzar una muerte digna y un duelo sin problemas deben ser el objetivo prioritario del equipo.

Después de asumir el hecho inevitable de la muerte, el enfermo desea que el tránsito sea sin sufrimiento o con el menor posible. Para lograr esto, debemos aplicar cuidados paliativos.

*Cada moribundo no solamente aprende y recibe tu ayuda, sino que además está siendo al mismo tiempo tu maestro.*

ELIZABETH KÜBLER ROSS

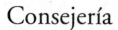

Capítulo 10

# Consejería

*En el interior de cada uno de nosotros hay una capacidad inimaginable para la bondad, para dar sin buscar recompensa, para escuchar sin hacer juicios, para amar sin condiciones.*

ELIZABETH KÜBLER ROSS

El término consejería proviene de la palabra consejo, que significa parecer que se da o toma como guía para hacer o dejar de hacer. Consejería es la actividad de dar consejo y consejería tanatológica es la actividad que realiza el consejero tanatológico encargado de guiar al enfermo en fase terminal para que encuentre la forma de manejar la situación y sus sentimientos. La consejería tanatológica debe ser solicitada por el enfermo en fase terminal y ha de definir los temas por resolver, así como el número, la duración y el costo de las sesiones.

La consejería no se podrá realizar si el enfermo no es capaz de comunicarse de alguna manera; además, las sesiones se deben llevar a cabo en privado y con tranquilidad. Cuando parece que ya no hay nada que hacer, la función del consejero cobra gran importancia.

En ese orden de ideas, lograr una buena relación entre los médicos y el enfermo en fase terminal es algo central y difícil, pues los médicos no aceptan la idea de que fallezca su enfermo, porque hace énfasis en el "fracaso de su terapia", lo cual los lleva a pensar en su propia muerte. En consecuencia, después de un período de gran actividad en el que hicieron pruebas clínicas, análisis de laboratorio y aplicaron terapia, los médicos no vuelven a aproximarse a la cama del moribundo.

Mientras la gente que rodea al enfermo en fase terminal no hable de esa angustia, el médico no escuchará las necesidades y quejas del paciente. Aún más que al dolor, el enfermo en fase terminal teme a la soledad y al abandono, tan frecuentes en las instituciones hospitalarias. Toda presencia cálida, atenta, comprensiva y cariñosa le da un gran consuelo que redunda en el uso de menores dosis de medicamentos y, desde luego, da como resultado menor intoxicación.

La consejería de los enfermos en fase terminal es una labor que consiste en recorrer el trayecto con el moribundo, marchar a su lado al ritmo y en el sentido escogido por él, así como escucharlo, darle la mano y contestar sus preguntas: estar con él realmente, tiene más importancia que suministrarle tal o cual medicamento o hacer una u otra cosa. Sin embargo, ésta no es tarea fácil, pues exige gran responsabilidad, disponibilidad y conocimientos de la psicología de los enfermos en fase terminal.

La consejería tanatológica ayuda a que el enfermo en fase terminal replantee, reformule y acepte sus conceptos y creencias personales, de modo que sea el único que tome las decisiones respecto a su vida.

Durante el curso de una enfermedad terminal, el enfermo enfrenta muchas pérdidas, en algunas de las cuales participa su familia; estas pérdidas pueden ser físicas y psicológicas y van acompañadas de cambios difíciles de aceptar tanto por el enfermo como por su familia. El enfermo lamenta lo que esperaba y ya no verá, dejar a su familia y no haber logrado sus objetivos.

La consejería tanatológica debe limitarse a las expectativas de vida del enfermo y actuar como terapia enfocada en la intervención en crisis para brindar apoyo y dirección.

Como hemos mencionado, no debemos ocultar al enfermo en fase terminal la gravedad de su padecimiento, pues él percibe la incongruencia de lo que se dice, el deterioro de su salud física y se percata de las señales no verbales que muestran la angustia de su familia y la gente que le rodea. En esos momentos, el enfermo en fase terminal por lo general se encuentra aislado y temeroso y busca la oportunidad de hablar de sus temores ante la muerte.

# Capítulo 11

# Todo en orden

*Si quieres conocer el pasado, mira tu vida presente;*
*si quieres conocer el futuro, mira tu vida presente.*

SIDDHARTA GAUTAMA BUDA

*La muerte nunca toma por sorpresa al sabio.*
*Él siempre está listo para partir.*

JEAN LA FONTAINE

Como es bien sabido, la muerte puede sorprendernos súbitamente aunque no estemos enfermos; por ello, parte del buen vivir consiste en responsabilizarnos de cada instante por el que transitamos, para vivir con mayor tranquilidad. Así, cuando lo inevitable suceda de forma repentina, habremos puesto orden para no dejar tras nosotros, como único legado, un cúmulo de problemas.

Para ayudarnos a poner todo en orden se recomienda un archivador familiar que contenga toda la documentación disponible en caso de fallecimiento, pues muchas veces ningún miembro de la familia sabe dónde están los documentos necesarios para seguir los trámites. Los nombres y teléfonos del médico personal del difunto, así como de su abogado, consejero espiritual y su tanatólogo, son de suma importancia.

También se deberán considerar formalidades legales relacionadas con la muerte y posteriores a ella, de ahí que los documentos deban estar organizados en un archivador, para facilitar su rápido manejo y localización. Al respecto, recomendamos que por lo menos dos miembros de la familia, los de mayor confianza, estén enterados de la ubicación física del archivador.

A continuación mencionamos la lista de temas de expedientes por abrir más importantes:

1. Actas del registro civil:
   1a. De nacimiento.
   1b. De matrimonio.
   1c. De divorcio.
   1d. De defunción.

2. Escrituras de bienes raíces.

3. Facturas de muebles.

4. Facturas de vehículos.

5. Boletas de pago:
   5a. Agua.
   5b. Luz.
   5c. Teléfonos.
   5d. Predial.

6. Cajas de seguridad:
   6a. Registro de accesos.
   6b. Duplicado de llaves.
   Guardar: *a*) testamento, *b*) escrituras, *c*) facturas, *d*) pólizas de seguros, *e*) actas del registro civil, *f*) otras actas, *g*) joyas, *h*) dinero, etcétera.

7. Cuentas bancarias:
   7a. Inversiones.
   7b. Cuentas de cheques.

8. Fideicomisos.

9. Préstamos:
   9a. A corto plazo.
   9b. A largo plazo.
      9a1. Préstamos solicitados.
      9a2. Préstamos otorgados.
      9b1. Préstamos solicitados.
      9b2. Préstamos otorgados.

10. Seguros:
    10a. Personales.
    10b. Para inmuebles.
    10c. Para automóviles.
    10d. De gastos médicos mayores.
    10e. Otros.

11. Tarjetas de crédito:
    11a. Bancarias.
    11b. Comerciales.

12. Testamento.

13. Bienes no incluidos en el testamento.

14. Aspectos fiscales:
    14a. Secretaría de Hacienda y Crédito Público y Sistema de Administración Tributaria.
    14b. Registro federal de contribuyentes.
    14c. Clave única de registro de población con cédula de identificación fiscal.
    14d. Declaraciones de impuestos.

15. Declaración patrimonial.

16. Contratos varios:
    16a. Laborales.

16b. De arrendamiento.

16c. Telefónico.

17. Instituto Mexicano del Seguro Social.

18. Infonavit.

19. Afore.

20. Clubes deportivos.

21. Tiempos compartidos.

22. Asociaciones civiles.

23. Sociedades mercantiles.

24. Becas nacionales.

25. Becas en el extranjero.

26. Credenciales (tener duplicados o fotostáticas certificadas ante notario público para utilizarlas en lugar de las originales).

27. Directorios de familiares y amigos.

28. Lista de asesores:
28a. Laborales.
28b. Jurídicos.
28c. Morales o espirituales.

En este capítulo hemos señalado algunos aspectos de la organización del archivador familiar y los documentos que debemos tener a la mano. También hemos considerado algunas formalidades legales relacionadas con la muerte y posteriores a ella.

Sabemos que constantemente surgen modificaciones a una ley o a un reglamento; por ello, abarcar todos los aspectos legales y actualizarlos es una labor exhaustiva que escapa a los cometidos de este libro. Sin embargo, las personas involucradas en el equipo asistencial multidisciplinario e interdisciplinario, cuando no puedan orientar de forma precisa a quien lo solicite, deberán remitirle a un asesor legal.

El sistema legal y sus procedimientos han sido creados con la intención de utilizarlos. Los abogados son los encargados de hacer funcionar este sistema y pueden actuar como asistentes, de la misma manera que los trabajadores sociales forman parte del equipo asistencial multidisciplinario e interdisciplinario; de este modo ayudarán a transitar al enfermo y sus familiares en el camino de la legalidad.

# Capítulo 12

# Futuro de la tanatología.
# Testamento de vida

*Las ropas gastadas son desechadas por el
cuerpo; los cuerpos gastados son
desechados por el habitante.*

BHAGAVAD GITA, 11:22

En 1969 empezó la elaboración de un código en el cual fueron regulados los derechos de los pacientes. Posteriormente, en junio de 1970, la Comisión Conjunta de Acreditación de Hospitales hizo posible que las asociaciones de consumidores presentaran propuestas para reformar los reglamentos internos. Para tal fin, diseñaron un documento con 26 propuestas concretas, pero hasta 1973 la Asociación Americana de Hospitales las aprobó en su *Carta de derechos del paciente*, a la vez que el Departamento Federal de Salud, Educación y Bienestar recomendó a las instituciones hospitalarias adoptar el *Código de derechos del paciente*.

En la primavera de 1976, la Asamblea Parlamentaria del Consejo de Europa, aprobó un documento muy importante elaborado por la Comisión de Salud y Asuntos Sociales. Ésta es la primera vez que se postulan oficialmente en un documento los *Derechos básicos de los pacientes*, que son los siguientes:

- Derecho a la dignidad.
- Derecho a la integridad.

- Derecho a la información.
- Derecho a un tratamiento adecuado.
- Derecho a sufrir lo menos posible.

Ese documento recomienda a los países miembros que tomen las *medidas necesarias para proteger los derechos básicos de los pacientes.*

En este sentido, se ha generalizado el reconocimiento al derecho de tener una muerte natural, sin proporcionar acciones para prolongar la vida artificialmente; de manera que todos tenemos derecho a rechazar un tratamiento médico si así lo deseamos. Llegará el momento en que en casi todos los países sea reconocido el testamento de vida, certificado por notario público, en el cual se exprese el deseo del firmante de morir con dignidad y sin la administración de *medidas extraordinarias.*

El testamento de vida entrará en vigor mientras esté vivo quien lo suscribe, para prohibir que sea prolongada "artificialmente" su vida en caso de encontrarse en una fase terminal, en la cual no exista esperanza de recuperación.

El término actualmente empleado en algunos testamentos de vida –*medidas extraordinarias*–, podría convertirse en un procedimiento rutinario, o no ser igualmente extraordinario para una persona u otra. Por el momento los testamentos de vida sólo han sido legalizados en pocos países y es probable que al usarlos no nos encontremos en un lugar donde sea válido. Quienes se oponen a legislar favorablemente dicen que, por ejemplo, sería equivalente a dejar a un paciente anciano a merced de personal de salud sin escrúpulos para que precipitara su muerte retirando prematuramente el tratamiento.

Por otro lado, en los testamentos de vida generalmente se designa un apoderado para que actúe una vez que la persona pierda sus facultades. Al respecto, observamos con frecuencia que, aun cuando no ha sido generalizada la validez de estos testamentos, muchos médicos están dispuestos a respetar la voluntad plasmada en ellos. Esto ha hecho que cada día más personas se pongan de acuerdo con su médico respecto al testamento de vida, mucho antes que sea necesario recurrir a él.

En México, un testamento es un acto personal, libre y revocable mediante el cual una persona puede disponer de sus bienes y derechos para después de su muerte; pero un *testamento de vida* no se refiere a los bienes sino a los derechos, como el *derecho de morir con dignidad*, testamento que surte efectos antes de la muerte de quien lo suscribe. Este documento expresa la voluntad de la persona a no ser sometida –en caso de enfermedad o daño físico o psíquico grave que cause sufrimiento o incapacite para una existencia racional y autónoma– "a tratamientos que prolonguen artificialmente la vida", solicitando se le administren los fármacos necesarios para evitar dolores, aunque ello pudiera adelantar el momento de su muerte.

Sin embargo, el testamento de vida aún no está regulado por la ley mexicana y como no es considerado un supuesto jurídico, éste no se realiza mediante actos o hechos jurídicos. Para los médicos, el testamento de vida es prueba fehaciente de los deseos y la voluntad de quien lo suscribe, expresada libremente, y en el cual da una orden con la que se opone –llegado el caso– a una prolongación artificial o vegetativa de su vida y exige se le garantice que *no* será sometido a tratos inhumanos y degradantes, como es el encarnizamiento terapéutico.

Tanto para los curadores como para los representantes, el testamento de vida es un documento que aclara cuál es la voluntad de quien lo suscribe y da indicaciones acerca de la forma de proceder en caso de que el testador llegara a encontrarse en un estado de incapacidad, de inconsciencia y terminal.

Por último, el testamento de vida es un documento que permite al que lo suscribe *rechazar los tratamientos médicos extraordinarios* en caso de enfermedad terminal, con lo cual protege su derecho de *morir con dignidad*.

Vale la pena aclarar que el testamento de vida es un documento justo pero por el momento ineficaz frente a terceros; por ello, para tener validez deberá legislarse al respecto, con lo cual quedará protegido el *derecho de morir dignamente*.

Es posible adoptar el siguiente ejemplo de testamento de vida, pero recomendamos que al hacerlo estén presentes como testigos dos adultos y que sea firmado ante notario público. Asimismo, es importante entregar copias al médico, al abogado, a los familiares cercanos y a cualquier persona que consideremos pueda tomar alguna decisión respecto al tratamiento médico.

## Ejemplo de testamento de vida

Deseo tener una vida larga, plena y digna, pero no a cualquier precio. Si mi muerte se acerca y es inevitable, si he tenido la capacidad para interactuar con los demás y ya no hay una esperanza razonable de que recupere esa capacidad, o si el sufrimiento es intenso e irreversible, no deseo que prolonguen mi vida.

*Ordeno* no ser sometido a intervenciones quirúrgicas o resucitación cardiopulmonar, así como no recibir asistencia de ventiladores mecánicos, cuidados intensivos o cualquier procedimiento que prolongue mi vida, incluidos antibióticos, la administración de sangre o los derivados de ésta.

*Ordeno* recibir atenciones que brinden comodidad y protección, que faciliten mi interacción con los demás, hasta donde sea posible y que tiendan a mi tranquilidad, serenidad y paz.

Autorizo a: _____

Para interpretar y llevar a cabo las indicaciones señaladas, él aceptará, planeará y rehusará tratamientos en colaboración con los médicos y personal de salud que me asistan.

Si no fuera posible ponerse en contacto con esta persona, autorizo a: _____ , quien también sabe cómo valoro la vida, para tomar estas decisiones por mí.

He hablado con ellos acerca de mis deseos a los cuidados en fase terminal y confío plenamente en que actuarán conforme a lo expresado por mí en este testamento de vida.

Fecha _____

Nombre _____ Firma _____

Testigo _____ Firma _____

Notario número

Nombre _____ Firma _____

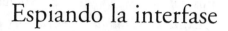

# Capítulo 13

# Espiando la interfase

*Después de haber espiado el más allá,
por fin sabemos las razones por las que
debemos vivir; y no sólo estamos ansiosos
por vivir, sino que tenemos mayores
esperanzas en la muerte.*

CICERÓN en *De Legibus*

Como mencionamos en la introducción, lo único que realmente puede asegurarnos la vida es que algún día, ineludiblemente, tendremos que morir y lo más angustioso es la espera. Si hicieramos caso omiso del final de la vida física que irremediablemente nos aguarda, tal angustia nunca podría afectarnos, como si a lo largo de esa espera hubiéramos desarrollado una inmunidad específica contra ella. Sin embargo, raras veces nuestras neuronas nos recuerdan el final inevitable, en cuyo caso tratamos de pensar y de creer realmente y a toda costa en la posibilidad de una existencia *más allá de la muerte*; pero, como seres que nos encontramos inmersos en una sociedad eminentemente materialista, sólo podremos creer en otros niveles de existencia cuando tengamos *pruebas mensurables y ponderables* que así lo demuestren.

El físico David Bohm, en su obra *La totalidad y el orden implicado*, dice: "Las partículas no se encuentran realmente separadas, sino conectadas de una forma que resulta invisible para los conceptos comunes de la realidad. [...] En el reino humano, diferentes personas que armonizan entre sí podrían, de alguna manera, desarrollar simultáneamente las mismas ideas". A su vez, Michael Talbot, en su artículo "*¿Existe la realidad objetiva o es el universo un fantasma?*", informa que el físico Alain Aspect y su equipo de la Universidad de París descubrieron que, en ciertas circunstancias, partículas subatómicas (como los electrones) son capaces de "comunicarse" de manera instantánea entre sí, independientemente de la distancia que las separe. No importa si están a tres metros o a 30 millones de kilómetros, de alguna manera cada partícula "parece saber" siempre lo que hace la otra.

David Bohm cree que "el motivo por el cual tales partículas pueden permanecer en contacto sin importar la distancia que las separa, no se debe a que envíen señales misteriosas unas a otras, sino a que su aparente separación es una ilusión", y añade que "en algún nivel de realidad más profundo, esas partículas no son entidades individuales, sino extensiones de un mismo algo fundamental y que *todas las cosas en el universo se encuentran infinitamente interconectadas*".

Cuando alguna persona, como resultado de un suceso extraordinario (por ejemplo: un accidente o una intervención quirúrgica), se ve en la frontera entre la vida y la muerte e incluso atraviesa ese límite y "regresa" después de tener una singular experiencia, se dice que ha tenido acceso a "una experiencia de vida después de la vida" o "una experiencia de vida después de la muerte", o bien, como diría Cicerón en su magistral obra *De Legibus* o *Sobre las leyes*, ese individuo ha espiado el más allá y ha regresado, y por fin sabe las razones por las que debe vivir.

También es frecuente que "alguien", cuando una noche cualquiera se acuesta a dormir, de repente sufra una experiencia denominada *ecosomatización*, consistente en sentirse de repente poseído de un gran temor, flotando en un rincón de la habitación y simultáneamente se ve, o sea, ve su cuerpo acostado, estirado y en su cama.

El suceso acontecido a "alguien" ha recibido muchos nombres en el transcurso de la historia, pero *ecosomatización* es uno de los más usuales, junto con el de *experiencia de salida del cuerpo* (ESC) en inglés *out body experience* (OBE).

Sin duda, la anterior es una de las experiencias más importantes que puede pasarnos, de modo que muchas personas se ven afectadas por ésta y no saben lo que les sucede. Incluso algunas temen hacer algún comentario, pues no vaya a ser que las consideren locas o las envíen de inmediato a las manos de psicoterapeutas que les suministren grandes dosis de ansiolíticos y barbitúricos, para evitar que se agrave su enfermedad.

Sigamos con "alguien", quien se encuentra todavía en la esquina de la habitación flotando y contemplándose a sí mismo estirado en la cama. El "cuerpo" en la cama se atemoriza por la separación de su identidad complementaria y se esfuerza para volver a estar juntas las dos, pero también se da cuenta de que no le es posible moverse, ni gritar y que, al borde de la desesperación, finalmente la parte de la identidad que flota en la esquina y que contempla al cuerpo acostado, sin saber cómo, "regresa" a la cama. El encuentro entre ambas identidades complementarias produce una sensación de caída, justamente la que experimentamos al soñar que caemos de un precipicio, de un edificio o en un pozo.

Después de encontrarse ambas partes complementarias y reincorporarse, generalmente hay una sensación de frío.

Muchas personas, durante su vida, han pasado más de una vez por esa experiencia de forma accidental o casual, pero este fenómeno es factible de ocurrir por medio de una técnica sencilla.

Desde un punto de vista absoluto, no somos entidades distintas sino que las dos partes de "alguien" se encuentran conectadas de *manera invisible*: nos percibimos como seres que se mueven en un mundo físico, pero nuestra conciencia abarca niveles de realidad más allá de lo que normalmente aceptamos. La vida es más compleja y absoluta de lo que nos imaginamos. David Bohm y el neurofisiólogo Karl Pribram consideran al universo un holograma en el que cada componente contiene el todo. Esto recuerda la paradoja surgida hace 4,000 años en la Universidad de Egipto y que nos ha llegado en la obra denominada *El Kybalión*. La paradoja dice: "El todo está en todas las cosas, como todas las cosas están en el todo".

David Bohm y Karl Pribram consideran que el mundo material es una *ilusión creada por nuestros sentidos*, cuya limitación nos da una imagen incompleta de la verdadera naturaleza de la realidad. Si bien al final de este viaje tenemos un funeral, la muerte no es realmente el final o como dicen los materialistas, después de haber luchado a lo largo de esta vida seremos borrados para siempre, perderemos nuestra identidad personal y nos convertiremos en una *no identidad* dentro de un gran inconsciente colectivo.

La ciencia tiene pocos medios para contactar e investigar el mundo espiritual y lo que sabemos del mundo que nos rodea es por medio de nuestros sentidos; de esta mane-

ra, casi todo lo que creemos saber del universo nos ha llegado mediante nuestros órganos sensoriales, pero ¿será acerta-
da y creíble esa imagen?

Si consideramos el sentido de la vista, sólo veremos una
fracción de lo que nos rodea y ocurre, ya que únicamente
detectamos la materia que refleja luz en una banda de longitud de onda muy estrecha, llamada *espectro visible,* mientras que las demás longitudes de onda, donde suceden
muchas cosas, son invisibles.

Lo mismo acontece con nuestros oídos, los cuales abar-
can un rango de audición que va aproximadamente de los
20 a los 16,000 ciclos por segundo; los perros, por ejemplo:
perciben un rango más amplio, lo cual se pone de manifiesto cuando los llamamos con un silbato que emite una onda
infraudible. La voz humana está en una frecuencia que va de
unos cuantos cientos a unos pocos miles de ciclos por
segundo. Las ondas de luz visible para nosotros, tienen una
frecuencia de escasos 12 billones de ciclos por segundo,
mientras que los rayos X, gamma, etcétera, vibran a frecuencias más altas y no podemos verlas. Nuestra capacidad
auditiva ha sido suplementada por la radio, que emite y recibe energía a frecuencias mayores que los sonidos llevados
por la atmósfera y promete que, en un futuro, sean inventa-
dos aparatos para sintonizar frecuencias mayores. Como
vemos, esto demuestra que nuestra ignorancia acerca del
mundo que nos rodea es limitada y la imagen que tenemos
de éste es incompleta.

En este orden de ideas, David Bohm ha demostrado lo
siguiente: "Dos partículas subatómicas que han interactuado *una sola vez* pueden reconocerse sin importar la distancia, pero no sólo lo harán sin importar la distancia, sino

también se reconocerán mutuamente miles de años después de haber interactuado. Así como las partículas, también las personas pueden *influir* entre sí, ya que *todo el universo está interrelacionado*".

*Como ahora estoy seguro de haber estado aquí mil veces anteriormente, y espero retornar mil veces más.*

JOHANN WOLFGANG VON GOETHE

La ecosomatización se puede producir sin estar dormido y Goethe, en su libro *Aus Meinen Leben,* describe una ecosomatización estando despierto, cuando expresa textualmente: "Cabalgaba por el sendero hacia Drusenheim cuando tuve un presentimiento muy extraño: vi que mi figura, montada a caballo, se acercaba a mí por el mismo camino".

La experiencia de salir del cuerpo es producida por lo general en la primera parte del sueño, a medianoche o más, pero como consecuencia de habernos despertado y vuelto a dormir, siempre se produce en la fase MOR (movimiento ocular rápido).

En la actualidad, la ecosomatización es admitida por la psicología transpersonal como uno de los estados alterados de conciencia o como un estado transpersonal. En su obra *Los límites del ser humano,* Pierre Weil señala que el sueño profundo, representado en el trazado encefalográfico por las ondas delta, corresponde a lo que él denomina *estado de superconciencia.*

La experiencia de salir del cuerpo es un fenómeno muy generalizado y se presenta a diario en personas de todo el mundo, sin importar su ubicación geográfica, raza, cultura o religión. En 1968, lo anterior adquirió presencia en la psicología cuando Stanislav Grof y Abraham Maslow fundaron la escuela de psicología transpersonal. Desde entonces, dentro de esta corriente, la ecosomatización, la regresión y otros estados alterados de conciencia y transpersonales, son materia de estudio. En los últimos años, dicha escuela ha aportado nuevos conceptos acerca de la vida y la muerte, sobre el ser humano y el más allá, generando una *visión mística del universo.* Por ello, como apuntábamos en la introducción, actualmente podemos hablar de una *mística en la física.*

# Capítulo 14

# La interfase. Reino entre dos islas o reino intermedio

*Entiérrame, entiérrame donde quieras,
si tan sólo puedes agarrarme. ¿No te he
dicho repetidamente a ti y a los hombres
sabios que este cuerpo no es Sócrates?*

A mediados de la década de 1970, la doctora Elizabeth Kübler Ross suscitó gran controversia al afirmar que las extraordinarias similitudes que existían en cientos de historias recabadas de personas que pasaron por *experiencias cercanas a la muerte*, probaban que existe vida después de la muerte. Al principio descubrió que muchas de ellas se mostraban renuentes a relatar sus experiencias por temor a que las creyeran locas; sin embargo, posteriormente accedieron a contar lo sucedido, y la doctora Kübler Ross se sintió muy sorprendida ante la *armonía* y *belleza* de lo que se suponía era una triste y muy amarga experiencia.

En los últimos 20 años, en Estados Unidos, 8 millones de individuos han tenido experiencias cercanas a la muerte, según cifras de la encuesta Gallup. La doctora Kübler Ross dice: "Muchas de las personas que pasaron por estos trances resentían nuestros desesperados esfuerzos para volverlos a la vida. La muerte es una sensación de *paz* y *esperanza*, por lo que ninguna de ellas ha vuelto a temer a la muerte".

Otros estudios han demostrado que los hombres que pasan por una *experiencia cercana a la muerte* se vuelven más sensibles y religiosos, y menos materialistas. Quienes las viven, frecuentemente se tornan en seres con ganas de servir a los demás.

El doctor Bruce Greyson, psiquiatra del Centro de Salud de la Universidad de Connecticut, señala al respecto: "El efecto posterior más frecuente en estas personas, es que ya no tienen miedo de morir, pero sí más libertad para vivir sus vidas".

Algunos médicos consideran que estos informes son *simples alucinaciones* causadas por reacciones químicas que ocurren en el cerebro, inducidas por falta de oxígeno o por medicamentos. A su vez, otros médicos admiten que es evidente que algo ocurre, aunque no tengan idea de qué. Lo que estos individuos experimentan es la primera etapa de la muerte, la cual se puede estimar análoga a la impresión que tenemos cuando descendemos de un avión al llegar a un país lejano y extraño.

No obstante, algo en lo que todos están de acuerdo es que si entendemos que *la vida guarda el secreto de la muerte, al igual que la muerte el secreto de la vida, viviremos en paz y daremos más amor.*

Nuestra existencia de transición se inicia en el momento de morir, en el reino intermedio denominado *bardo del devenir* descrito en el *Libro tibetano de los muertos* o *Bardo Thodöl Schemno*. Los antiguos hebreos le daban el nombre de *pardish*, el *Libro egipcio de los muertos* lo llama *amenthe*, los indios iroqueses lo conocían como *gusho* y los aborígenes australianos o canacos lo denominaban *anjea*.

Ese reino o espacio entre dos islas es intermedio, ya que está entre la muerte y el renacimiento; además es distinto del plano físico aunque muy parecido en un aspecto, pues en ambos nuestro egocentrismo afecta la forma como nos relacionamos e interactuamos con nuestro medio.

Para entender mejor la interfase o estado intermedio es necesario mencionar que en este mundo físico estamos llenos de *espacio vacío* y que los diferentes planos y mundos se encuentran interpenetrados. Si en realidad estamos llenos de espacio vacío –ya que nuestro cuerpo físico ocupa un espacio que está 99.33% vacío–, esto significa: imaginemos por un momento que un átomo de nuestro cuerpo, según el modelo tradicional de Bohr, es aumentado hasta que su núcleo adquiere el tamaño de una pelota de tenis. A esta escala, el átomo siguiente estaría a unos 2,000 kilómetros de distancia.

Al contemplar nuestro cuerpo a dicha escala, veríamos tanto un universo formado por trillones de átomos que constituyen millones de galaxias, como un cielo estrellado con espacios inimaginables. Así, nuestro cuerpo es realmente un gran vacío con minúsculos centros de energía dispersos a enormes distancias. Si siguiéramos esta escala veríamos que una sola célula de nuestro cuerpo contiene millones de galaxias de átomos. Ahora es fácil entender por qué los rayos X y otros nos atraviesan sin dificultad.

Además, el cuerpo y el cerebro están hechos básicamente de agua y son casi un vacío de materia. Sumado esto a la afirmación de la física moderna de que los átomos no son sólidos sino sólo perturbaciones en un *continuo no físico*, parece haber una posibilidad de que la mente, la personalidad, el alma y el espíritu estén contenidos dentro de un *paquete casi sin peso*.

Así como hemos contestado científicamente que hay vida después de la muerte –aun cuando la ciencia actual no haya probado que el hombre tiene mente o espíritu y asevere que el cerebro y la mente son sinónimos aunque cada vez sea más notorio que no son la misma cosa. El doctor Wilder Penfield ha extirpado quirúrgicamente gran parte del cerebro con poco o ningún efecto en la vida normal del sujeto. No hemos podido identificar ningún sitio o célula del cerebro donde resida el *id, ego* o *superego*, y tampoco dónde se encuentre el *consciente*, el *subconsciente* o el *superconsciente*.

Posiblemente debemos entender que, tal como un programa de computadora, la mente trabaja a través del cerebro sin ser el cerebro. Así como el cerebro controla el cuerpo, podemos decir que éste es controlado por su computadora, el cerebro, que es infinitamente más elaborado que cualquier computadora construida hasta ahora, pero, como cualquier computadora, no sirve a menos que tenga un programa, una inteligencia separada de la computadora, que lo dirija.

Así, la mente es el programa que interpenetra el espacio vacío dentro de nuestro cuerpo húmedo y controla los aproximadamente 100 trillones de células. El cerebro no es la mente, el campo de energía invisible que moldea, controla y anima a la materia. Si el cuerpo es, en su mayor parte, espacio vacío, probablemente exista otra energía que ocupe el mismo espacio y cada célula pueda recibir y enviar mensajes, pues cada cual tiene mente propia. Por ello, no sólo el cerebro no es la mente, sino que ésta se extiende a todo el cuerpo.

Como veíamos en líneas anteriores, desde la antigüedad más remota las religiones han enseñado que el hombre tiene *alma* y ésta es la porción que cada individuo recibe del creador; asimismo, las religiones se refieren al *espíritu* como la porción no física de nuestra esencia.

Si esas entidades no son físicas, sobrevivirán a la muerte del cuerpo físico como sucede con la computadora, que al dañarse o ser destruida no afecta al programa y éste permanece activo. Lo anterior permite entender "un viaje fuera del cuerpo" como un fenómeno de interpenetración; en la actualidad, algunos físicos hablan de *sistemas interpenetrantes espacio-tiempo.*

El *Libro tibetano de los muertos* sigue el viaje de una persona desde la muerte hasta el renacimiento, viaje que todos seguiremos sin importar que el individuo sea un modesto empleado de limpia o el Papa. Los más de 6 500 millones de personas que en este momento ocupamos un cuerpo físico humano y que al final del camino en la Tierra tendremos un funeral, viajamos por el mismo camino y todo hace suponer la permanencia de la mente, bancos de memoria, personalidad y alma. Somos el mismo individuo antes y después de dejar el cuerpo físico, de manera que podemos estar felices con estas circunstancias o decepcionados, lo cual dependerá de nuestras expectativas.

Cuando hablamos de permanencia, es porque el alma no va a ningún lado al dejar el cuerpo físico (hablando estrictamente); no es más que el cambio geográfico que ocurre cuando vamos de una habitación a otra dentro de una casa. Así, abandonar el cuerpo físico es como quitarnos el abrigo y cambiar nuestra frecuencia vibratoria. Como hemos mencionado varias veces, debemos prepararnos para este cambio, cultivar el alma, aprender a amar y a servir a nuestros semejantes, dejar de criticar sus defectos y empezar a alabar sus cualidades. De esa manera podremos vivir mejor y seguramente moriremos mejor.

*El mundo será mejor cuando las personas sean mejores.*

ANÓNIMO

# Capítulo 15

# Viaje por el reino intermedio

*¿Por qué tiene uno que asustarse de la muerte?*
*La vida es un constante desembarazarse*
*de la envoltura mortal, pelo, cutícula,*
*carne y huesos, todo ropa vieja.*

HENRI DAVID THOREAU

La siguiente es una descripción general del estado que va de la muerte al renacimiento.

En la primera etapa, lo que más sorprende es la idea de cuán sencillo es morir, tan simple y natural como la caída de una hoja. Antes de la muerte física, la vida se sucede en imágenes con gran rapidez; inmediatamente entramos a la vida intermedia y, según el *Libro tibetano de los muertos*, vamos desde el bardo de la vida, pasando por diferentes etapas o bardos, hasta el bardo del devenir. Cuando empieza el viaje sentimos que volamos o flotamos como pasa en los sueños; esto ocurre generalmente en calma, tranquilidad y paz, casi siempre con una sensación de alivio. El individuo puede sentirse atraído hacia un túnel, donde al final hay una luz blanca y en ocasiones percibe a los seres queridos que le aguardan al final. Una sensación maravillosa, muy parecida a correr a los brazos del ser amado. Las experiencias de esta primera etapa pueden variar de acuerdo con el principio de causa y efecto y con las experiencias que vivieron los individuos mientras estuvieron en el mundo físico.

La segunda etapa generalmente se halla influida por el estado mental que la persona tuvo en el momento de morir y por las experiencias que atravesó durante la vida física que acaba de terminar e incluso, a veces, por las de existencias anteriores. Todo esto también está influido por las orientaciones que recibió durante el estado intermedio anterior. Esta etapa presentará variantes de acuerdo con la causalidad, con las vivencias y con todas las proyecciones de la conciencia; todo nos parecerá vagamente conocido como si estuviéramos ante algo que ya hubiéramos vivido, es decir, como un constante *déjà vu* en que escuchamos palabras sin sonido, y percibimos sonidos que no llegan a ser palabras. Asimismo, los pensamientos vagan al azar como en un delirio; no podemos enfocar los objetos debido a que están en constante movimiento o se desvanecen, nada parece sólido, ni tiene sustancia; es fácil moverse como rayo; todos los sentidos persisten, pero atenuados y no armonizados con el mundo físico; no hay edad, sexo ni diferencia alguna entre un niño de 2 años y un hombre de 70, excepto la que cada uno haya creado. La forma como responde un individuo a la experiencia de transición depende, en gran medida de la vida que llevó antes de morir.

La tercera etapa, al igual que las anteriores, está determinada por la ley de causa y efecto, de tal manera que aquellos cuyas vidas han sido destructivas y generadoras de dolor, renacerán con dolor y sufrimiento, en tanto que quienes tuvieron vidas saludables, justas y felices renacerán en una que concuerde con sus hechos.

El impulso de renacer no es una reflexión consciente, sino una atracción ciega gobernada por la causalidad, que nos atrae a una clase de existencia ambiental y física, masculina y femenina, humana o no, de piel clara u oscura, y peculiaridades de nacionalidad, religión, etcétera.

John Blofeld dice al respecto:

Lo que llamamos vida es un eslabón único en una cadena infinita de vidas y muertes. Tal vez si nuestro inconsciente pudiera ascender al nivel de conciencia, podríamos percibir la larga cadena que se extiende en el pasado, superando incluso los cálculos más generosos sobre la longitud del tiempo en que los seres humanos han poblado la Tierra. ¿Y por qué sólo este planeta? ¿Por qué no pensar que muchas de nuestras vidas previas transcurrieron en otros planetas contenidos dentro de este maravilloso universo? Quizá el recuerdo incluirá cientos o miles de vidas pasadas, aquí o en algún otro lugar, así como en éste u otros niveles de conciencia, tal vez en estados del ser nunca sospechados.

Probablemente la muerte del cuerpo físico no sea el fin de la existencia individual, de ahí la idea de que todos los seres vivos han existido con anterioridad y seguirán renaciendo. Este concepto fue aceptado con amplitud en la antigüedad; incluso en la prehistoria, la gente se aferraba a la sensación del más allá y no aceptaba que la persona fuera aniquilada totalmente por la muerte.

El antropólogo sir James Frazer, en su famoso libro *La rama dorada*, dice:

Los individuos de las sociedades primitivas no dudaban de su inmortalidad, como tampoco de la realidad de su existencia consciente. Los antiguos egipcios no cuestionaban la realidad de una vida posterior y se cercioraban de que los muertos no tuvieran carencias, proveyéndolos de una prodigiosa cantidad de alimentos y artefactos para su viaje futuro al encuentro con Osiris. Sentían que, los muertos estaban tan vivos como los vivos. De lo contrario, ¿cómo explicar, los solemnes ritos religiosos que incluían sacrificios de animales, y ofrendas de alimentos y bebidas?: Los griegos encontraban consuelo en la creencia de que sus almas, recién liberadas del cuerpo físico, volarían libres como aves hacia el Elíseo. Los primeros cristianos, antes del segundo concilio de Constantinopla, en 553 d.c., creían en "volver a ser", convicción que concordaba con la creencia de que los ángeles pueden volverse ángeles o demonios y que, a partir de esta última condición, pueden ascender al estado de hombres o ángeles.

# Capítulo 16

# Renacimiento

*Después de todo no es más sorprendente*
*nacer dos veces, de lo que lo es*
*nacer una vez.*

VOLTAIRE

La doctora Kübler Ross ha descubierto en sus investigaciones que no tenemos por qué temer a la muerte, pues ésta no es el fin sino un amanecer. Durante el siglo pasado, Carl Jung, Albert Schweitzer y Mahatma Gandhi, entre otros hombres sabios, creyeron en la reencarnación, y Jesús nunca la negó, pues era una creencia que formaba parte de las enseñanzas de la secta de los esenios, a la cual pertenecía.

En el *Antiguo Testamento* y en el *Zohar,* el libro del esplendor adjudicado al rabí Shimón bar Yojai, se habla del renacimiento, concepto aceptado por el movimiento jasídico como una de las ideas más antiguas en el judaísmo. En la actualidad, el cabalista rabino Phillip S. Berg menciona los fenómenos que nos atan a la vida, en particular en su obra *La rueda del alma.* También según la misma corriente, el renacimiento es considerado una consecuencia de no haber alcanzado el despertar y la integración total, lo cual representa otra oportunidad para el despertar.

Mahatma Gandhi dice al respecto:

> No puedo pensar en una enemistad permanente entre los hombres y creyendo como creo en la teoría del renacimiento, vivo

con la esperanza de que si no es en este nacimiento, en algún otro podré estrechar a toda la humanidad en un abrazo de amistad".

La vida puede ser considerada una serie de acontecimientos y la muerte, un acontecimiento en esa serie que da origen a otro. Así vemos que no renace un yo, sino que es un continuo del ser. Nacemos y morimos en cada momento de la vida y lo mismo pasa con la muerte. Así como la vida presente proporciona las bases para la calidad de nuestra muerte, *la muerte condiciona la calidad de nuestra vida siguiente.*

La energía en nosotros no se destruye con la muerte del cuerpo físico, sino que fluye libremente y el germen del proceso de renacimiento determina nuestra próxima vida; pero finalmente, lo que hace que volvamos a ser es el *inmenso* e *intenso* anhelo de perpetuar nuestro yo o la ilusión de que éste subsiste.

El físico G. Zukan dice al respecto:

Toda interacción subatómica es la aniquilación de las partículas originales y la creación de nuevas. Las formas transitorias existen y dejan de existir continuamente, *creando una realidad interminable y siempre nueva.* Aunque todo en el universo se transforma, nada se pierde ni se destruye jamás, sino que todo se encuentra en un *estado de fluir,* donde todos los comienzos son finales y éstos se vuelven comienzos, *donde todo está en proceso de llegar a ser.*

*Que cada momento de la vida sea un paso hacia la muerte es una visión mecánica. Cada momento de la vida es una nueva llegada, un nuevo comienzo. Aquellos que dicen que morimos todos los días, que cada momento nos despoja de una porción de vida, ven el tiempo como pasado. Viendo el tiempo como presente, cada momento es un nuevo arribo, un nuevo comienzo.*

A. J. Heschel

# Capítulo 17

# La religión a la hora de morir

*Si un hombre no ha descubierto algo
por lo que moriría, no está
capacitado para vivir*

MARTIN LUTHER KING JR.

Como vimos en capítulos anteriores, la ciencia aborda el estudio de la dimensión espacio-tiempo, mientras que la religión tiene que ver con el anhelo de trascender. El mundo fenomenológico es territorio de la ciencia, pero éste es sólo un aspecto de la realidad. Ciencia y religión pueden complementarse, ya que la primera –sin una visión espiritual– es estéril y la segunda, auxiliada por la ciencia, mantiene los pies en la tierra mientras observa los cielos.

A continuación analizaremos brevemente algunos aspectos espirituales y religiosos en torno del proceso de morir. El hecho de que una persona escriba en un formato de atención tanatológica a qué religión pertenece, no significa necesariamente que sea un fiel practicante de ella. Si tomamos en cuenta esto, podremos estructurar las cosas de tal manera que permitamos al moribundo expresar sus sentimientos para que no se sienta culpable. El equipo multidisciplinario e interdisciplinario asistencial que lo ayuda, debe tener claro lo que es útil y lo que no, así como su comportamiento con las personas que asisten, pues la mayoría está en crisis. La sensibilidad y el diálogo apropiado evitarán choques culturales, ya que hay muchos niveles de práctica en cada religión. A pesar de esto, muchas veces los familiares podrán o no estar complacidos con la labor llevada a cabo por el equipo multidisciplinario asistencial, de ahí que subrayemos reiterativamente lo importante que es el *respeto por las creencias y cultura que reconoce el paciente*. Por ello, sea cual fuere el grado de práctica religiosa, siempre es bueno dejar abierta la posibilidad para brindar asistencia religiosa en alguna de las etapas futuras.

> *Yahvé: No permanecerá para siempre mi espíritu en el hombre, porque no es más que carne; que sus días sean de 120 años.*
>
> GÉNESIS: 6,1

## Judaísmo

El judaísmo está fundamentado en el *Pentateuco, Torá* o *Ley de Moisés*, contenida en los cinco primeros libros del *Antiguo Testamento* que se adjudican a Moisés: *Génesis, Éxodo, Levítico, Números y Deuteronomio*. El judaísmo es considerada la primera religión monoteísta o sea, el culto a un solo Dios, cuya finalidad principal es cumplir la *Ley mosaica*, que consiste en observar y acatar los mandamientos que recibió Moisés en el monte Sinaí. En la actualidad, a la práctica de la observancia de los preceptos contenidos en la *Torá*, se adicionan las exégesis o explicaciones de los rabinos contenidas básicamente en el *Talmud*. En esta doctrina ocupa un papel central la práctica de la caridad, en hebreo *tzedaka*, término que proviene de la palabra hebrea *tzedek*, que significa justicia. Por ello, la caridad en el judaísmo está inmersa en un principio de justicia y en ese sentido, es la práctica de la caridad y la tolerancia.

Es importante hacer notar que cuando los pacientes crónicos o en fase terminal sean practicantes del judaísmo, el equipo asistencial multidisciplinario e interdisciplinario deberá conocer algunas de las costumbres y prácticas más comunes, una de ellas es que el viernes por la tarde empieza el *Shabat* judío exactamente antes del anochecer, y termina el sábado por la noche cuando aparecen las tres primeras estrellas en el firmamento. En el judaísmo hay practicantes ortodoxos y para ellos durante el *Shabat* no se puede escribir, encender fuego, prender aparatos eléctricos, cocinar, viajar, *enterrar a sus muertos*, tocar dinero ni realizar trabajo alguno, pero en ciertas circunstancias (como cuando peligra la salud o la vida de la persona) se situarán el *Shabat*, las fiestas y todos los mandamientos por debajo de las necesidades.

El *Shabat* es el día dedicado al descanso y en todas las sinagogas se llevan a cabo servicios los viernes por la noche, así como los sábados en la mañana y en la tarde. En el *Shabat* existe la costumbre de encender velas, ya sea que signifique el inicio del *Shabat*, el final de éste o alguna otra festividad (como *Januka*). Cuando se enciende la vela, que significa el final de *Shabat*, también es impartida una bendición por la semana siguiente. Mencionamos esto porque es valorado fuertemente por el paciente judío. También es muy importante que el equipo asistencial multidisciplinario e interdisciplinario, así como el personal de las instituciones de salud, conozcan las restricciones alimenticias, aunque en general la mayoría de las instituciones de salud privadas están provistas de alimentos especialmente preparados de acuerdo con el ritual judío o *kosher*, asegurándose sobre todo que la carne y la leche no se mezclen. Además, hay que recordar que en el judaísmo está prohibido comer carne de puerco y sus derivados.

Aunque en el judaísmo existen oraciones especiales que pueden rezarse durante la enfermedad y cuando se acerca la muerte, no se necesita que alguien especial las dirija o proporcione los últimos ritos, por lo que se puede o no pedir la presencia de un rabino. En el momento del fallecimiento, se trata al cuerpo con mucho respeto y no se permite ninguna mutilación, por lo que la autopsia está prohibida, salvo que sea requerida por una disposición legal. Ningún judío, especialmente los ortodoxos, desearán que sus órganos sean donados para trasplantes.

En el judaísmo, el funeral se lleva a cabo dentro de las 24 horas siguientes o tan pronto como sea posible. El cuerpo es lavado y amortajado por miembros del voluntariado de la comunidad y posteriormente se coloca en un sencillo ataúd de madera.

Después del sepelio se observa un período de luto denominado *shiva*, que quiere decir siete, por los siete días del duelo y que es básicamente un período de luto familiar. Durante la *shiva* se reza en la casa del difunto.

Es importante que el cuerpo médico y asistencial traten al cuerpo con respeto, para lo cual no deberán lavar el cuerpo, sino simplemente cerrarle los ojos, enderezar los miembros y envolverlo en una sábana. Después se avisará a los familiares para que notifiquen a la comunidad, la cual se encargará de todos los asuntos relacionados con el deceso, como el traslado a una funeraria o velatorio, la asignación de cementerio, de fosa a perpetuidad y demás. Durante el duelo, a los familiares más cercanos les serán desgarradas las vestiduras por el rabino o por la persona designada.

## Cristianismo

El cristianismo acepta y sigue las enseñanzas bíblicas, especialmente las escritas en el *Nuevo Testamento*. Los cristianos creen que la muerte de Jesús ha reconciliado a la humanidad con Dios y que la resurrección de Cristo salvó al mundo tanto de la muerte como del pecado, dando nueva vida a quienes creen en él. Por medio del bautismo, el nuevo ser recibe el don del Espíritu Santo y en la confirmación renueva su compromiso con Jesucristo; posteriormente, con la comunión, recibe el sacramento de la eucaristía en forma de pan y vino, bendecidos por un ministro o sacerdote. En el cristianismo, algunos grupos dan más importancia a la palabra bíblica y otros a los sacramentos. El equipo asistencial multidisciplinario e interdisciplinario deberá preguntar al enfermo crónico y en fase terminal o de no ser posible, a sus familiares, qué servicio desean de acuerdo con su práctica religiosa, para que tengan la oportunidad de prepararse.

Especialmente en el catolicismo, la gran mayoría deseará la presencia de un sacerdote, quien hará una confesión y dará la absolución, la comunión y el sacramento de la extremaunción.

Antes de morir el agonizante, el sacerdote orará por él y ofrecerá apoyo a la familia. Las oraciones son para encomendar al moribundo a Dios y *autorizarle* a morir.

En el cristianismo no hay objeciones religiosas para llevar a cabo la autopsia, ni para la donación de órganos para trasplante, aunque algunas personas tienen motivos personales que les impiden hacerlo.

## Islamismo

El libro sagrado del islamismo es el *Corán*, revelado al profeta Mohammed, y el día sagrado es el viernes. Los islamitas tienen restricciones alimentarias, como no comer carne de puerco o sus derivados, ni ingerir bebidas alcohólicas. A los musulmanes con enfermedad crónica y en fase terminal, se les debe preguntar acerca de los servicios y prácticas religiosas que desearán llevar a cabo, pues un moribundo deberá continuar con sus oraciones hasta donde le sea posible. Por lo general no es necesaria la presencia de un imán, ya que los parientes pueden conducir las oraciones y rituales que sean necesarios; además, en el momento de morir, si el agonizante no puede decir las últimas palabras "no existe ningún otro Dios que no sea Alá y Mahoma es su profeta", cualquier practicante musulmán podrá decírselas al oído. Después del deceso, el cuerpo no debe ser tocado ni lavado por nadie que no sea musulmán; asimismo, se le debe volver la cabeza hacia el hombro derecho para enterrarlo con la cara hacia la Meca, los miembros enderezados y el cuerpo amortajado con una sábana. El entierro se llevará a cabo cuanto antes, de preferencia durante las primeras 24 horas. La autopsia no está permitida, salvo que lo requiera el forense, y posteriormente los órganos serán devueltos al cuerpo para enterrarlo. *Los dolientes procuran no manifestar dolor ya que hacerlo es considerarlo falta de fe en Alá.* Durante los tres primeros días, los familiares no cocinan y la comida es llevada por los visitantes. El duelo dura un mes y durante 40 días la familia visita la tumba los viernes.

## Budismo

La doctrina del budismo fue expuesta por Siddharta Gautama Buda (el Iluminado) en el Sermón de Benarés y consiste en las cuatro verdades: la existencia del dolor, su causa, la supresión de dolor y el camino para la supresión. Buda enseña que *el conocimiento elimina el dolor*; además, admite la reencarnación y el Nirvana, que es el estado libre de placer y dolor. Según el budismo, el camino de la vida observa preceptos para el bienestar ético y espiritual, a la vez que exhorta a tener compasión por cualquier forma de vida. Como los budistas creen en la reencarnación, deben aceptar la responsabilidad acerca de la forma de ejercer su libertad, dado que las consecuencias afectan vidas posteriores. Por ello, es muy importante que la persona se comporte correctamente y se hace especial énfasis en no matar. Por ello, el aborto y la eutanasia no están permitidos. Los practicantes del budismo aceptan transfusiones de sangre y trasplante de órganos en algunos casos, pues en esta doctrina es fundamental ayudar al prójimo. El paciente budista generalmente es vegetariano, deberá tener tiempo para meditar y a menudo rechazará medicamentos que obnubilen su conciencia, lo cual interfiere con su capacidad para meditar. Meditar acerca de la muerte ejerce cierta influencia en la siguiente reencarnación.

En el budismo, generalmente se lleva a cabo la cremación, de modo que el cuerpo debe ser envuelto en una sábana lisa, sin símbolo alguno, y el tiempo antes de la cremación puede variar de tres a siete días, dependiendo del calendario lunar. Es importante que la persona que dirija el ritual pertenezca preferentemente a la misma escuela y sea informado lo más pronto posible.

## Hinduismo

El hinduismo es la religión oficial de la India e integra elementos védicos, brahamánicos y budistas. Además, es caracterizado por la fe en un ser supremo o Brahma, primero de la trinidad o *Trimurti*. Su dogma central es la transmigración de las almas, o el paso sucesivo a través de reencarnaciones.

Para los hinduistas, la higiene y el pudor son aspectos relevantes, así como el respeto hacia los practicantes de la medicina tradicional hindú, llamados *ayurvedas*, de quienes se espera que sean hábiles, incorruptos y en especial que guarden la confidencialidad. Por ello, los practicantes del hinduismo esperan que los médicos occidentales y el equipo asistencial y multidisciplinario observen y respeten los mismos patrones de los *ayurvedas*. En el hinduismo no hay problema en lo referente a las transfusiones sanguíneas y al trasplante de órganos; además, no les agrada la idea de realizar una autopsia, pero si es requerida por el forense, la aceptan.

Cuando los enfermos crónicos y en fase terminal están en agonía, los familiares les leen parte de algún libro sagrado, como el *Bhagavad Gita*, en especial los capítulos 2, 8 y 15.

Si se requiere la presencia de un sacerdote, éste ayudará tanto al moribundo como a los familiares a aceptar la muerte como inevitable, y lo hace de una manera filosófica. A de la cintura del agonizante, acto que simboliza una bendición. Es muy frecuente que el enfermo desee acostarse en el suelo para estar más cerca de la tierra en el momento del tránsito, lo cual representa una ayuda para la siguiente reencarnación. Después del deceso, los familiares lavan el cuerpo y lo visten con *ropas nuevas*. Siempre que la familia esté en condiciones, llevará el cuerpo a la India para su cremación y posteriormente esparcirá las cenizas en el Ganges, el río sagrado.

# Capítulo 18

# Cuando uno no practica ninguna religión

*Nadie puede ser totalmente
conocedor de la esencia de
otro ser humano si no le ama.*

VICTOR FRANKL

Si al entrevistar al enfermo éste dice que no tiene religión, esto no necesariamente significa que no tenga creencias religiosas. Más bien denota que no tiene afiliación con alguna institución religiosa. No obstante tal vez desee compartir sentimientos, temores y dudas en relación con su futuro. Es probable que este paciente tenga fe tanto en la inteligencia humana como en la sabiduría, y quiera resolver problemas morales, legales y de tolerancia. Tal enfermo puede creer que al morir, la vida termina por completo, de ahí que el equipo de asistencia y multidisciplinario se concentre en resolver los problemas de dolor, sufrimiento y muerte.

Es necesario establecer la diferencia entre necesidades espirituales y religiosas. El término *religioso* se refiere a la urgencia de poner en práctica la propia espiritualidad y el agonizante puede requerir la presencia de un ministro de algún culto para meditar o rezar. El término *espiritual* alude a las últimas consecuencias y a la búsqueda de sentido, como señala Victor Frankl en su obra *El hombre en busca de sentido*, cuando dice "El hombre se destruye no por sufrir, sino por sufrir sin sentido".

La espiritualidad se manifiesta cuando el enfermo pregunta: ¿Por qué me sucede esto? ¿Por qué precisamente ahora? ¿Es justo? ¿Qué he hecho para merecer esto? Estas preguntas tienden a satisfacer la necesidad que tiene el enfermo de encontrar sentido, de un acercamiento filosófico que puede no tener nexo con la religión. Sin embargo existe la posibilidad de que la persona que no haya practicado una religión empiece a expresar su creencia en Dios y en un trascender.

Cualquier patrón religioso influye en el pensamiento y conducta tanto del enfermo como de su familia, lo cual puede ir desde la aceptación hasta un miedo petrificador. Pero independientemente de las diversas necesidades espirituales y religiosas, el equipo de apoyo multidisciplinario velará por la tranquilidad, bienestar y libre acceso a la ayuda espiritual y servicio religioso que el enfermo desee, apoyándolo como el ser digno que es.

# El duelo. Vivir con plenitud es sentir con plenitud

*Permanecer estable es evitar el intento de separarse del dolor, conociendo la imposibilidad de hacerlo.*

A. WATTS

Etimológicamente, el término *duelo* proviene de los vocablos *duellum*, que significa combate, y *dolus*, que significa dolor. Así, podemos definir el duelo como la reacción frente a la pérdida de una persona amada o una abstracción que haga sus veces. Cuando perdemos lo que amamos y creemos poseer, sobreviene el dolor de la pérdida o duelo.

Todos los seres humanos experimentamos, durante nuestra vida, pérdidas y duelos que van desde la pérdida de una ilusión hasta de los seres más queridos. Por medio de éstas aprendemos a ser resistentes.

Todas las pérdidas que sufrimos, por triviales que sean, implican un duelo, pero los pequeños duelos por pérdidas cotidianas insignificantes son también insignificantes, a diferencia de un duelo por la muerte de un ser querido. En la actualidad, algunos tanatólogos opinan que las etapas por las que pasan los enfermos crónicos y terminales son las que describió magistralmente la doctora Elizabeth Kübler Ross, las cuales tienen algunos puntos de contacto con las etapas del duelo. En el proceso del duelo observamos las siguientes etapas: negación, cólera, regateo, depresión y aceptación.

La palabra *deudo* designa a las personas que acaban de perder a un ser querido. Esta palabra pone de realce al que está en deuda, al que debe, y es que gran parte del dolor generado refleja un sentimiento de culpa, relacionado con lo dicho durante la despedida y con el perdón. Si no fue posible una despedida en vida, se puede llevar a cabo de cuerpo presente, pero si ésta no fuera factible, podrá realizarse por carta u otros medios que sirvan de despedida, como un reclamo para quien acaba de abandonar el cuerpo físico.

Para escribir la carta de despedida o de reclamo, el deudo puede ser auxiliado por un tanatólogo y cuando aquél no se sienta capaz de escribirla, podrá recurrir a una meditación guiada que lo encamine hacia la despedida.

Cuando sobreviene la muerte de un ser querido, siempre necesitamos un tiempo para aceptar la información; por ello los ritos funerarios que, aunque concebidos para honrar a los muertos, también nos dan tiempo para sanar nuestras emociones, ya que cuando parte un ser querido siempre nos parece demasiado pronto y no aceptamos que había llegado el momento.

La duración del proceso de duelo depende del tiempo que tarde el dolor intenso en transformarse en una leve tristeza; así, el tiempo siempre sustituirá la desesperanza por un "te extrañamos". El duelo hay que vivirlo intensamente, de tal modo que no tenemos que aparentar fortaleza, ni acelerarlo; si no estamos recuperados, no debemos pasar a una nueva etapa, pues no tiene sentido fingir. Cada cual debe tomarse su tiempo y elaborar su duelo según los dictados de su corazón.

Si un duelo entra en una fase de estancamiento y ésta es prolongada y se obstaculiza, el duelo podrá tornarse en un proceso patológico del que sólo saldremos con ayuda especializada.

Tanto cuando el proceso se vuelva patológico como cuando la conducta del deudo se transforme en patológica, se necesitará ayuda especializada.

El equipo multidisciplinario e interdisciplinario no es inmune o insensible a los procesos de angustia y dolor, por lo que deberá someterse después de cada caso a una ayuda terapéutica. Asimismo, es de vital importancia experimentar todos los sentimientos dolorosos y confusos que emanan del proceso de duelo.

Vivir con plenitud significa sentir totalmente, hacernos uno con lo que experimentamos y no tratar de reprimir los sentimientos, ya que al permitirnos vivir el dolor emprendemos el camino de la recuperación y no debemos bloquear la aflicción por medio del alcohol ni las drogas, incluidos los tranquilizantes. El sufrimiento, como ya mencionamos, nos permite crecer y si lo aceptamos poco a poco y compartimos el episodio, éste perderá intensidad y podremos seguir con nuestra vida.

El cuestionamiento de *yo también moriré algún día* pierde fuerza cuando entendemos que los conceptos de vida y muerte son una ilusión que hemos inventado los humanos en un intento de resolver el misterio de la existencia, y que detrás de estos conceptos está el *todo-poder* que rige nuestras vidas.

Al consolar a los dolientes, debemos hacer lo siguiente:

- Reconocer su dolor.
- Lamentar lo ocurrido.
- Expresar nuestro pesar.
- Escuchar y atender encargos.

- Decir que hicimos lo mejor por el difunto.
- Dar gracias por permitirnos compartir su dolor.
- Si es el caso, enviar el pésame por escrito.
- Recordar que la sola presencia dice más que muchas palabras.

En contraposición, no debemos decir lo siguiente:

- Fue la voluntad de Dios.
- Dios se lo llevó.
- Sé cómo te sientes.
- El tiempo todo lo arregla.
- Dios te enseña a confiar en él.
- Dios te puso a prueba.
- Dios fortalece tu fe.
- Sé fuerte, ya que otros te necesitan.
- Pudo ser peor, pues Fulano se salvó.
- A lo mejor hay una buena razón para esto.

# Capítulo 20

# El proceso de morir

*A mí no me importa morir:*
*solamente que no quiero estar*
*presente cuando esto pase.*

WOODY ALLEN

Tanto en la agonía como en una muerte súbita, se muere progresivamente; es decir, por grados y por partes. En consecuencia, la muerte no es un estado, sino un proceso.

Para morir en paz debemos comprender qué o quién muere. El cuerpo es un conjunto de elementos en constante cambio y la mente una sucesión de pensamientos; sin embargo, algunos creen que la persona es sólo una mancuerna que consta de cuerpo y mente, que ésta se encuentra en un estado permanente de cambio y que nada en ella es estático. Por ende, más que personas que mueren, hay un proceso de morir.

Hay un morir cotidiano que consta de muertes pequeñas y diarias, precursoras del único cambio sobre el cual no tenemos control. Las muertes diarias nos enseñan que las pérdidas y los males pueden llegar a nuestro ser íntimo; pero así como hay un morir cotidiano, también hay resurrecciones diarias que dan vida a nuestra vida.

Morimos porque estamos vivos y vivir cabalmente nos lleva a morir con serenidad, libres de ansiedad y de forma digna. "Morimos como hemos vivido, de modo que una buena muerte llega por medio de una buena vida".

Una vida agitada y enajenada no permite enfrentar la muerte; esto lo demustra León Tolstoi en su obra *La muerte de Iván Illich,* cuando describe el proceso de sufrimiento espiritual del moribundo, quien se da cuenta en ese momento de que la muerte en sí misma no es atemorizante y que la causa de mayor dolor es la vida que llevó sin haber escuchado su conciencia, llegando a considerarla una vida inútil y desperdiciada. A medida que se acerca su muerte, el agonizante siente alivio sólo cuando obedece y escucha a su conciencia.

> *El cambio es no sólo parte esencial de la vida, es la vida misma.*

ALVIN TOFFLER

La muerte, que oficialmente pone fin a la vida y termina en un cadáver, se puede llamar *la muerte del más acá.* La muerte, que deja de ser un término para tornarse en esperanza después del fallecimiento, se puede denominar *el más allá de la muerte.*

A continuación nos referiremos básicamente a la muerte del más acá; en este proceso hemos detectado cuatro niveles:

- La muerte aparente o relativa.
- La muerte clínica.
- La muerte absoluta.
- La muerte total.

*La muerte aparente o relativa.* Consiste básicamente en la desaparición del tono muscular, paro respiratorio o baja actividad cardíaca y circulatoria; sin embargo, el individuo podría volver a la vida y recobrar la conciencia.

*La muerte clínica.* Se presenta cuando cesa la actividad cardíaca y respiratoria, desaparecen los reflejos o se suspende la vida de relación. No obstante, subsisten reacciones metabólicas y podría haber un retorno a la vida, salvo cuando la anoxia –que es la falta de irrigación sanguínea en el cerebro– rebasa los ocho minutos.

*La muerte absoluta.* Se presenta cuando hay muerte cerebral y vida vegetativa asistida. Esto ocurre en el coma sobrepasado, o sea, en la muerte para la vida.

*La muerte total.* Es la culminación del proceso, cuando ya no existen células vivas.

La vida más allá de la muerte se basa en testimonios de personas de todo el mundo que han pasado por estados de *cuasi*muerte, lo cual nos hace pensar que la vida puede perdurar después del funeral. Según la doctora Elizabeth Kübler Ross, "nuestro cuerpo material es como una crisálida y la muerte hace surgir en nosotros lo que tenemos de indestructible y de inmortal, cuyo símbolo pudiera ser la mariposa".

Hasta finales del siglo XIX y principios del XX, se consideraba suficiente comprobar la detención tanto del pulso como del corazón, la falta de respiración y la falta de conciencia, además de la atonía. Actualmente se suman muchas pruebas, como el trazado encefalográfico plano deprimido, el análisis de ecos pulsátiles de los hemisferios cerebrales por ultrasonido, el gradiente oxihemoglobínico cerebral, la tomografía axial computarizada del cerebro, etcétera. Todo ello, más que aclararnos en qué consiste la muerte, sólo refuerza el misterio de ésta.

# Capítulo 21

# Suicidio

*La experiencia no es lo que te ocurre;*
*es lo que haces con lo que te ocurre.*

ALDOUS HUXLEY

## ¿Existe algún motivo para suicidarse?

No hay nadie que, por lo menos una sola vez en su vida, no haya tenido un motivo que le hiciera pensar en suicidarse. La vida de cada uno está llena, en mayor o menor medida, de tragedias y comedias, engaños y decepciones, de instantes grandiosos y maravillosos, pero también de problemas y contratiempos. Sin embargo, hay etapas particularmente difíciles en que nuestra vida nos parece vacía, conflictiva y otras en las que consideramos imposible sentir placer. En esos momentos álgidos debemos intensificar la búsqueda de motivos genuinos para seguir viviendo, y encontrarlos podrá ayudarnos a afirmar la vida y dotarla de sentido.

Cuando no encontramos motivos auténticos para seguir viviendo, estamos en peligro de suicidarnos, no tanto porque aparezca un motivo para morir, sino porque nos faltan razones para vivir. En esos períodos sería preciso tener presente que la muerte no resolverá nuestros problemas, sino que los transmitirá a otros, a los deudos, quienes deberán cargar con el suicida y con todo lo que él se sacudió, lo cual no es la mejor de las herencias.

Tristemente vemos que lo que falta al suicida es coraje para vencerse y tomar decisiones cuando el futuro es incierto para salir de los conflictos y reencontrar el sentido de su vida.

El suicidio se puede definir como un "quitarse la vida de manera intencional, matarse" y también significa "el que muere por su propia mano" y "el que intenta o tiende a suicidarse".

El suicidio (o sea, quitarse la vida) es una declaración de ira, resultado del deseo de que alguien se culpe de no haber hecho hasta lo imposible para impedir el suicidio o de haberlo ocasionado; cuando esto sucede, el suicida piensa: "Para mí la muerte y para ti el luto".

El suicidio representa un acto de autodestrucción, un desafío, un desprecio por la sociedad, un "yo acuso a las fallas de la sociedad", en vez de reconocer las fallas propias. Es muy frecuente encontrar en el acto de suicidio un alto grado de ego.

También es común que el suicidio sea subintencional, en el que corremos riesgos constantes y nos exponemos a situaciones extremadamente peligrosas, o abusamos de medicamentos, etcétera; es decir, cuando el individuo desempeña un papel encubierto, subliminal o inconsciente. Los suicidios también pueden ser escapistas (cuando tratamos de escapar de una situación intolerable), agresivos (vengarnos para crear remordimientos), suicidios oblativos (que implican autosacrificio por un ideal, por el honor, etcétera). Por último hay suicidios lúdicos, en los que participamos en juegos o pruebas donde arriesgamos la vida para demostrar valor (como la ruleta rusa).

Una gran mayoría quiere morir porque sufre intensos dolores físicos o mentales y no quiere seguir soportándolos. Nadie quiere aguantar un dolor muy intenso, terrible, debilitante; sin embargo, actualmente y gracias a los avances en el diagnóstico y las técnicas de control del dolor, podemos evitar y disminuir dolores muy intensos originados por una enfermedad terminal.

El suicida cree que escapa de una vida de miseria, dolor, dificultades económicas y de otra índole, pero la vida y la muerte son parte de un proceso continuo.

También una persona puede quitarse la vida por razones desinteresadas, como evitar convertirse en una carga económica y emocional para sus familiares y amigos debido a que padece una enfermedad crónica. Pero, aun en este caso, el suicidio es condenable, pues acabar con una vida rompe los lazos ocultos que unen a todas las formas de vida.

Acabar con la vida propia es destruir algo que no sólo nos pertenece a nosotros, pues la vida es el milagro más grande que existe, y realizar un acto violento como el suicidio provoca y agrega más dolor y sufrimiento en un mundo lleno de ese dolor y sufrimiento.

*Cuanto más difícil de desentrañar sea el enigma del sentido, tanto mayor es la posibilidad de maduración de la persona.*

BIJÁN AMINI

# Capítulo 22

# Tanatología y logoterapia

*La cuestión del sentido de la vida sólo se puede plantear de forma concreta y sólo se puede contestar de modo activo: contestar a las preguntas de la vida significa responsabilizarse, efectuar respuestas.*

VICTOR FRANKL

La relación entre tanatología y logoterapia pretende dar sentido a la muerte y crear conciencia de la trascendencia centrada en el sentido de la vida. La logoterapia se encarga de revalorar esta relación, ya que es una psicoterapia dirigida a la búsqueda del sentido de la vida.

Para muchos, estar vivos no es razón suficiente para sentirse satisfechos y deseosos de continuar en este mundo. Victor Frankl, en su libro *El hombre en busca de sentido,* describe sus vivencias en los campos de concentración y pone de manifiesto que es necesario tener motivos poderosos para vivir.

El doctor Frankl es el principal representante de la tercera escuela de Viena y creador de la logoterapia. A finales de la década de 1950, esta escuela se encontraba bien constituida. A partir de entonces, muchas personas han recurrido a la logoterapia para la búsqueda y creación de un nuevo proyecto que dé sentido a su vida, una razón que justifique su existencia y un estímulo para seguir adelante.

En cuanto a la tanatología, ésta sirve de apoyo en la revaloración de la vida, y se fundamenta en el principio que establece: todos los seres humanos son mortales, de ello no existe la menor duda. De esto deducimos la importancia de aprender a enfrentar el propio duelo y a vivir plenamente aquí y ahora.

Del binomio que forman la tanatología y la logoterapia se deriva una ayuda poderosa para estructurar de manera positiva nuestras vidas, desarrollando a partir de la interpretación de la muerte una interpretación de la vida. Si todas las experiencias en nuestra vida están ligadas entre sí, con mayor razón la experiencia de la muerte, que da sentido y profundidad a la vida.

En relación con la tanatología, vemos cómo su fundadora, Elizabeth Kübler Ross, suma su esfuerzo redentor de los desvalidos y los moribundos, a la concepción que Victor Frankl alcanza al terminar la segunda Guerra Mundial: ayudar no sólo con el pensamiento sino también con acciones. Kübler Ross se ofrece de voluntaria para ayudar a los prisioneros de los campos de concentración nazis, y en esa aventura observa la miseria extrema, el sufrimiento desgarrador y la muerte en grandes cantidades. Muchos prisioneros mueren en su regazo y ella utiliza la medicina y todo su amor para ayudar a esos seres en desgracia a librar la última batalla de su existencia.

Posteriormente se casa con un compañero de estudios norteamericano, el doctor Ross, con quien se va a radicar a Estados Unidos, donde enfrenta una cultura que niega la muerte e incluso quiere olvidarla. En esa sociedad no existe lugar para la muerte; la medicina pretende vencerla y cuando esto no ocurre, hay que ignorarla. Elizabeth Kübler Ross es expulsada de hospitales y universidades, pues representa lo que se quiere olvidar y afirma que la muerte no es el final sino un acto en esta vida que nos permite crecer.

Lo sorprendente es que en la actualidad es muy reconocida y 19 universidades la han honrado con un doctorado *honoris causa,* con lo cual reconocen que la labor del médico va más allá de la muerte.

Elizabeth Kübler Ross y Victor Frankl destacan que el enfermo, primero es persona y luego enfermo. La contribución de ellos ha quedado para la posteridad al permitir que los hombres puedan encontrar el sentido de su vida y mueran dignamente como corresponde a todo ser humano.

*Cuando estoy en la transición de este mundo al otro, sé que el cielo o el infierno están determinados por la forma en que vivimos la vida en el presente. La única finalidad de la vida es crecer. La lección última es aprender a amar y a ser amado incondicionalmente.*

ELIZABETH KÜBLER ROSS

# Capítulo 23

# La muerte no existe

*En la medida en que no sabes cómo morir y*
*volver de nuevo a la vida, no eres más que*
*un triste viajero en esta tierra oscura.*

GOETHE

*Nuestra vida en el cuerpo terrenal sólo representa*
*una parte muy pequeña de nuestra existencia.*
*Nuestra muerte no es el fin, ni la total aniquilación,*
*sino que nos esperan alegrías maravillosas.*

ELIZABETH KÜBLER ROSS

Por medio del estudio de 20,000 casos de personas de todo el mundo que habían sido declaradas clínicamente muertas y que fueron llamadas de nuevo a la vida, Elizabeth Kübler Ross dice: "Quisiera explicarles muy someramente lo que cada ser humano va a vivir en el momento de su muerte: esta experiencia es independiente del hecho de que sea aborigen de Australia, hindú, musulmán, creyente o ateo. Es independiente también de la edad o del nivel socioeconómico, pues se trata de un acontecimiento puramente natural, de la misma manera que lo es el nacimiento". La doctora Kübler Ross añade: "La experiencia de la muerte es casi idéntica a la del nacimiento, es un nacimiento a otra existencia. Estar sentados junto a la cabecera de la cama de un moribundo es un regalo y morir no es un asunto triste y terrible. Por el contrario, se pueden vivir cosas maravillosas, encontrar muchísima ternura y aprender del moribundo".

Si el hombre es susceptible de ser moldeado y a su vez moldea sus experiencias, también puede ser moldeado y moldear la experiencia de la muerte.

Un individuo aprenderá a ver la muerte como una síntesis del arte de bien vivir y bien morir. Cuando el hombre conoce mejor la muerte, ya no se desvela por huir de ella, sino que aprecia mejor su vida y la de los demás, la cual respeta y dignifica.

Frecuentemente sentimos miedo frente a la muerte, cierta atracción y temor, acompañado de reverencia ante el misterio. El temor es una actitud de respeto y el temor a la muerte se traduce en amor y en estima hacia la vida. Cuando lo que sentimos ante la muerte es miedo, éste la hace más difícil, pues el miedo es como un fallecimiento anticipado y a veces causa la muerte.

Cuando se usa la primera persona del presente del verbo *morir,* esto resulta desagradable para el individuo; a su vez, el empleo de la primera persona del futuro es insoportable, ya que la muerte asusta más que los impuestos y es algo que seguramente va a pasarnos. Preferimos pensar en secreto que todos van a morir menos uno, pero la verdad es que en este caso somos insustituibles y nadie puede morir por nosotros. Todos debemos cultivar y morir nuestra muerte. Todos estamos muriendo, pero la muerte total del cuerpo sólo ocurre cuando dejan de funcionar todas nuestras células.

La muerte es algo natural y, como ya hemos mencionado, desde el nacimiento empezamos a morir. La muerte es inevitable; es un fenómeno físico que sólo afecta al cuerpo, por lo cual no cabe la menor duda de que morirá nuestro cuerpo físico, y sólo es cuestión de tiempo.

El miedo nos impide afrontar la muerte, de manera que cuando esto pasa no tenemos la más remota idea de lo que nos espera y por eso estamos aterrorizados. Todos tememos a lo desconocido y más al envejecer.

El temor a la muerte ha crecido en la época moderna porque nos hemos desincronizado de los ritmos de la naturaleza, de los ciclos naturales que afectan a todo lo que existe. Cuando la humanidad estaba más en contacto con los ciclos naturales, aceptaba la muerte como algo natural y como parte de estos ciclos. En esa época, al intuir la muerte el individuo se metía en el lecho, llamaba a familiares y amigos, arreglaba sus asuntos mundanos, oraba y se disponía a morir en paz. Era una muerte digna, en la que familiares y amigos acudían a despedirse y se pensaba que aunque misteriosa, era natural. Sin embargo, actualmente, desde pequeños se nos aleja de la muerte y se le convierte en algo externo a nosotros, algo que debemos evitar y que deja de ser un acontecimiento natural que debemos experimentar de forma consciente y serena.

La muerte es algo que va dejando de ocurrir en el hogar, de modo que las decisiones ya no las toma el moribundo y a veces ni siquiera la familia, la cual a menudo se mantiene alejada. Por otro lado, los médicos y todo el equipo de salud, como hemos mencionado, ven la muerte como un fracaso de la medicina y no como algo natural. Los enfermos en fase terminal son drogados, muchas veces no se les dice la verdad y son conectados a espantosos aparatos mediante los cuales se les transforma en datos de una pantalla. Luchamos contra la muerte, pero centramos la atención no en el moribundo, sino en el médico y en los últimos avances tecnológicos y científicos, y nos olvidamos de que el enfermo debe morir con dignidad.

Empieza a surgir un clamor que se eleva cada vez más y que deberá ser escuchado por todos nosotros: es la voz de millones de personas que están muriendo de hambre, millones que no tienen hogar, millones que sufren maltrato y abusos, millones de discapacitados y millones de enfermos incurables. Escucharlos sin importar diferencias económicas, raciales o religiosas y abrirles el corazón, así como comprenderlos y ayudarlos, nos dará la mayor felicidad.

*En la vida después de la muerte, todos escuchan la misma pregunta: ¿Cuánto servicio has prestado? ¿Has hecho algo para ayudar?*

ELIZABETH KÜBLER ROSS

# Capítulo 24

# Somos artífices de nuestro propio destino

*Como un hombre actúa, en eso se convierte...*
*Lo que un hombre desea, así es su destino.*

B. Upanishad

Al enterarnos de lo que hicimos en vidas previas y no poderlo comprender ni expiar, podríamos caer enfermos y deprimirnos. Al respecto, Gandhi dijo: "La bondad de la naturaleza nos impide recordar tiempos pasados". La vida sería agobiante si lleváramos a cuestas tan grande carga de recuerdos, además de intolerable, pues ya tenemos suficientes problemas en esta vida para agregar los de otras.

Sin embargo, hay quienes insisten en que sería útil saber cómo fuimos en el pasado. Quienes aceptan el renacer desean saber los detalles de su actuación en el pasado, pero pocas personas tienen la capacidad para recordar sus vidas previas y no están seguras de la veracidad, exactitud y relevancia de esos recuerdos. Esas personas cometen el error de creer que sólo vivieron las vidas que pueden recordar.

Todos hemos vivido innumerables vidas, toda vida sigue siéndolo después de la muerte. Las pruebas del renacimiento son circunstanciales y no representan una evidencia incontrovertible, pero llevan al individuo a concluir que básicamente somos los artífices de nuestro destino. El pensamiento de que somos los únicos responsables de nuestra vida —ya sea buena o mala– y de que tarde o temprano cosecharemos en esta vida lo que sembramos nos hace pensar dos veces cuál será nuestra mejor actuación. La gente que recuerda o cree recordar parte de otras vidas no se vuelve menos responsable ni considera que esos actos en otras vidas no van a afectarle.

No poder establecer específicamente qué acto produjo nuestro sufrimiento, no significa que esos actos hayan quedado sin efecto. Ningún acto muere, aunque quien lo ejecuta no lo crea; así, una persona que se dedique durante toda su vida a una tarea, puede obsesionarse de tal modo que afecte su subsecuente renacimiento.

En cuanto a las increíbles habilidades de los niños prodigio –como Mozart quien, si bien nació en el seno de una familia de músicos, no por eso deja de asombrar por sus extraordinarias composiciones a los 4 años de edad–, la ciencia no ha podido explicar por qué suceden esos fenómenos. ¿Cabe la posibilidad que sean simplemente consecuencias de logros alcanzados en una vida anterior?

Platón creía firmemente en la reencarnación, y en su teoría de la reminiscencia dice: "El conocimiento que se adquiere con facilidad es aquel que el *yo perdurable* ha tenido en una vida anterior, de tal manera que regresa fácilmente".

En la actualidad, sorprende de gran forma que Occidente acepte con facilidad la idea de una vida después de la muerte y que se deseche la idea de una vida antes del nacimiento.

*¿Qué es la muerte? Si todavía no sabemos lo que es la vida, ¿cómo puede inquietarnos el conocer la esencia de la muerte?*

CONFUCIO

# Capítulo 25

# Los genes de la muerte

*El sueño de toda célula es ser dos células.*
JACQUES MONOD

Lo único seguro en esta vida es la muerte; por ello, como vamos a morir, es importante enterarnos de que el programa del genoma humano ha arrojado información que corrobora totalmente el hecho de que todas nuestras células contienen genes programados para matarlas y que, cuando sea necesario hacerlo, se coordinarán para terminar con ellas. Estos genes, llamados *genes de la muerte,* hacen una labor a la que se ha dado el nombre de *muerte celular programada.*

En el siglo XX se descubrió el código "secreto" del genoma y se pusieron de manifiesto los genes de la muerte. También en ese siglo murieron 10 millones de personas durante la Primera Guerra Mundial, 40 millones más en la Segunda Guerra Mundial, sin olvidar a los muertos de las guerras de Corea, Vietnam, etcétera. En el siglo XX fue descubierta la bomba atómica utilizada en Hiroshima y Nagasaki. Durante todo el siglo hubo guerras en más de un lugar, por lo que la centuria pasada podría recibir el nombre del *Siglo de la Muerte.*

Hasta hace unos cuantos años, era inconcebible la idea de que las células pudieran contener un programa para suicidarse, aunque en realidad no se trata de un suicidio, sino de una muerte programada a la que Andrew Wylie, investigador de la Universidad de Edimburgo, llamó *Apoptosis*, que significa "desprendimiento de los pétalos de una flor". Si impidiéramos la muerte celular programada, ello no daría como resultado la inmortalidad, sino estados teratológicos (es decir, monstruosos), desarrollo de tumores, etcétera. Por eso es necesaria la apoptosis, para evitar monstruosidades y tumores, de modo que es un mecanismo eficiente que usa la naturaleza para corregir o disminuir sus errores.

Que las células mueran por apoptosis no quiere decir que los organismos pluricelulares (por ejemplo: un animal) mueran por esa razón. Si consideramos que un organismo no está muerto mientras vivan algunas de sus células, ¿podríamos afirmar que una gallina frita estará viva mientras sus huevos fecundados sean capaces de producir pollos en una incubadora? ¿O también estarán vivos algunos animales sacrificados en el rastro mientras sigamos conservando en algún laboratorio su semen congelado?

Lo anterior nos lleva a pensar en el tema de la eutanasia y determinar el momento en que debemos desconectar el respirador artificial a una persona en coma profundo e irreversible, cuyo corazón sigue latiendo gracias a un estimulador electrónico, mientras la sangre circula por medio de bombas fuera de su cuerpo, y los riñones son compensados por un aparato de diálisis. Si consideramos que el individuo sigue vivo porque su corazón late y que ha muerto si no late, ¿qué debemos pensar de un donador de corazón que está enterrado desde hace un año?

Como inevitablemente moriremos, sería bueno empezar a explicarnos lo que acabamos de mencionar, a pesar de que a algunos no nos interese el tema. Entender la muerte es imprescindible para comprender cómo funcionan la vida, nuestra mente, nuestra sociedad, nuestro mundo y nuestro universo. Por eso, el descubrimiento de la apoptosis o muerte celular programada por medio de los genes de la muerte o letales, es uno de los hallazgos científicos más importantes de la historia de la humanidad.

# Capítulo 26

# La verdad soportable

*Cuando un hombre yace agonizante,*
*no muere sólo de la enfermedad,*
*Muere de toda su vida.*

CHARLES PEGUY

Actualmente se maneja el concepto de verdad soportable, el cual consiste en decir la verdad dosificándola, según el momento y sobre todo el grado de tolerancia del enfermo. Cada día más médicos en todo el mundo se adhieren a esta corriente, la cual admite lo que hemos denominado *la verdad fraccionada* o *la verdad a intervalos.*

El informador debe prepararse psicológicamente para detectar el grado de tolerancia que tiene el enfermo, ya que cuando la información rebasa ese grado, se vuelve inadecuada y causa lo que llamamos *devastación psicológica.*

Es muy recomendable informar al enfermo, ya sea de manera verbal o no verbal, que estamos dispuestos a profundizar más en la información, que "no lo estamos engañando, sino que todavía seguimos indagando". Y realmente no tratamos de mentirle, sino buscamos mejores momentos, según valoremos el grado de tolerancia; además, es muy importante que, junto con la valoración del grado de tolerancia o resistencia, busquemos el "espacio digno para informar".

Un error muy grave y frecuente (además de una enorme falta de consideración), es que el médico informe a escondidas o "en un pasillo", pues la información constituye el eje fundamental en torno al cual girará la actitud, y la información, por sí sola, tiene gran valor terapéutico.

La información ha de ser esperanzadora, pero no prometerá imposibles, lo cual sería igual que engañar. No obstante, dejará espacio a la esperanza de mejorar; por ejemplo: "Usted pronto podrá dormir mejor" o "muy pronto estará menos ansioso"; "en pocos días disminuirá el dolor"; "a lo mejor muy pronto podremos erradicar ese dolor"; "usted puede estar seguro de que lo atenderemos en cualquier momento para lo que se le ofrezca", etcétera. Todas estas esperanzas se pueden materializar y están destinadas a conservar el bienestar y el ánimo más que a hacer promesas de falsas curaciones. En síntesis, lo que debemos transmitir al enfermo en fase terminal es *la confianza de que no lo abandonaremos y de que siempre nos tendrá cerca.*

Una verdad dicha con prudencia gradualmente, deja una salida a la esperanza sin ocultar los hechos. Por lo general, cuando el enfermo está bien informado de su enfermedad, habla con serenidad de su estado, pide apoyo y manifiesta la necesidad de compartir su situación para fortalecerse y mantener su optimismo.

Cuando no se ha dado toda la información, al acercarse la muerte la relación con el enfermo en fase terminal se torna más difícil, de modo que perdemos la oportunidad de fortalecer el afecto y proporcionarle amor y consuelo.

Algunos enfermos no quieren conocer la verdad y prefieren que se informe a su familia, pero son una minoría. En la actualidad pensamos que es deseable informar la verdad porque redunda en bien del enfermo, y la vida que resta es de mejor calidad. Casi nunca detectamos efectos indeseables (como ansiedad insuperable, depresión grave o sufrimiento moral incesante) cuando trasmitimos con *prudencia y gradualmente* la verdad al enfermo. La mentira es intrínsecamente mala, es una traición, atenta contra la dignidad de la persona, genera recelo, desconfianza, impide la cooperación y ocasiona una incesante duda. La mentira también evita una actitud realista y madura e impide dar un sentido de trascendencia a nuestra vida, además de restarle dignidad al enfermo. Al respecto hay quien afirma: "No debemos decir la verdad tal cual es". En efecto, no se puede decir la verdad. ¿Sabe por qué? Porque nadie la conoce, ni siquiera los médicos, pues nadie puede afirmar muchas cosas relacionadas con la enfermedad, como el pronóstico y su evolución por ejemplo. Por ello, el médico deberá informar lo que sabe desde el diagnóstico, o sea, desde el principio.

No se han descrito daños, como ya decíamos, ocasionados por informar con franqueza. En consecuencia, si se mantiene la esperanza y hay mayor conocimiento de la enfermedad, puede haber una mejor aceptación y menor ansiedad.

Capítulo 27

# Calidad de vida. Cuando ya no es posible cantidad de vida

*Lo único que nos separa de la muerte es el tiempo.*
E. Hemingway

*Si no se tiene una buena vida,
incluso en los momentos finales, entonces
no se puede tener una buena muerte.*
Elizabeth Kübler Ross

El neocapitalismo surgió poco antes de la Primera Guerra Mundial y la sociedad industrial de producción dio lugar a la sociedad de consumo. Apareció entonces un nuevo estilo político y administrativo del estado, "el estado de bienestar", que aseguraba pensiones, salud, vivienda, enseñanza y demás. También dio inicio una revolución en la salud y en los objetivos sanitarios, de modo que la Organización Mundial de la Salud (OMS) ha definido la salud como sigue: "La salud es no sólo la ausencia de enfermedad, sino también el estado de perfecto bienestar físico, mental y social".

En su definición, la OMS alude a un estado muy difícil de alcanzar; más bien es un horizonte de esperanza, al que debemos aspirar, es decir, un *desideratum*.

Las enfermedades infecciosas fueron desplazadas por padecimientos crónicos y así, los indicadores de mortalidad y morbilidad dejaron de reflejar apropiadamente la eficacia de los tratamientos, ya que en los padecimientos crónicos es muy remota la posibilidad de curación.

111

Debido a lo que hemos mencionado, ha surgido un nuevo criterio para valorar la eficacia de las medidas sanitarias: el de *calidad de vida*, mas no el de *cantidad de vida*.

Si bien los enfermos crónicos y en fase terminal no vivirán mucho más, por lo menos debemos procurar que vivan mejor. El concepto de calidad de vida es muy vago y se confunde con el de felicidad y el de comodidad; además, el concepto de calidad de vida se encuentra en un ámbito que permite el desarrollo de las aspiraciones racionales de una persona. Podemos definir la calidad de vida como la suma de circunstancias susceptibles de ser modificadas y que permiten el desarrollo de algunas aspiraciones del individuo.

En el caso de los enfermos en fase terminal, en quienes no existe una posibilidad racional de incrementar la cantidad de su vida, la preservación de la calidad de vida se convierte en el objetivo prioritario y casi siempre único. Querer obtener cantidad de vida donde ya no es posible, es una actitud injustificable y a veces agresiva que deja de ser científica y ética, pues suele deteriorar la calidad de vida.

*La vida y la muerte se encuentran en la misma escala del ser, mas por encima de ambas hay ciertos valores. La presencia de la muerte da sentido y aún más contenido a la vida. No morimos, pues, en un instante último, sino que la muerte es un elemento continuamente formador de nuestra existencia.*

GEORGE SIMMEL

Capítulo 28

# La comunicación y el enfermo en fase terminal

*Cualquiera puede ponerse furioso... eso es fácil.*
*Pero estar furioso con la persona correcta, en el*
*momento correcto, por el motivo correcto*
*y de la forma correcta... eso no es fácil.*

ARISTÓTELES

La comunicación es fundamental en las relaciones humanas; por ello, el equipo médico y el enfermo deben compartir la misma realidad. La comunicación es una práctica diaria y, en el caso de enfermos en fase terminal, la cercanía de la muerte y el proceso de morir producen en quienes los cuidan reacciones psíquicas que directa o indirectamente evitan la comunicación con el enfermo y sus familiares.

Como hemos visto en estas páginas, nuestra sociedad da la espalda a la muerte y cuando alguien está por fallecer, la negación de la muerte trata de poner al moribundo fuera de nuestras fronteras, aun antes de que ocurra el deceso.

Acompañar y apoyar al moribundo es una labor agotadora, estresante y muy demandante, pero es la obra más valiosa que una persona puede hacer por otra.

Los integrantes del equipo multidisciplinario e interdisciplinario deberán ser buenos comunicadores y capaces de percibir las señales que emite el enfermo para pedir ayuda; de lo contrario, después de repetirlas varias veces sin recibir respuesta, el enfermo se aislará y será más difícil establecer de nuevo la comunicación.

Cuando tanto el equipo de salud como los familiares eluden responder directamente y esquivan las miradas, el contacto físico disminuye y el lenguaje se hace complicado o demasiado simple. Entonces el enfermo se da cuenta de que es abandonado y entra en un aislamiento que no debemos confundir con aceptación.

El control de síntomas es sumamente difícil sin una comunicación eficaz, de allí que sea considerada parte esencial de la curación. Lo que un moribundo necesita de quienes lo rodean es el reconocimiento de compartir su condición, y cuando falta la comunicación, surge el distanciamiento. La confianza debe ser ganada y aumentada mediante comunicación, tolerancia, simpatía, afecto, cariño y amor.

En la actualidad el médico se comunica poco verbalmente, casi no emplea sus manos para comunicarse de forma no verbal y su empatía para relacionarse con el enfermo está disminuida, lo cual también restringe su capacidad para aliviar y curar.

Hoy día, durante su formación académica, el equipo de salud no recibe el entrenamiento y la instrucción necesarios en cuanto a las técnicas de comunicación. La comunicación es esencial para la actividad cotidiana del personal de salud, ya que frecuentemente deberá dar malas noticias, responder a preguntas difíciles, informar del diagnóstico, escuchar a familiares y tanto soportar como entender los silencios del enfermo. La comunicación consiste en aprender a escuchar, pues el aprendizaje del lenguaje se originó en la capacidad de escuchar y no en la de hablar. Los animales se comunican, pero sólo el hombre aprende a hablar escuchando. Para comunicarnos eficazmente, es necesario primero escuchar, pues *sin escuchar no hay diálogo.*

Escuchar se considera un arte que se aprende como los demás, pero requiere gran energía, pues hay más ocasiones de escuchar que de hablar –por lo menos el doble. Por eso tenemos dos orejas y una sola boca. En el caso de los enfermos en fase terminal es importante escucharlos adecuadamente, sentados al lado de ellos o en su cama, nunca de pie y menos con los brazos cruzados. Si escuchamos atentamente al enfermo, sabremos las respuestas que necesita recibir y si está en condiciones de recibirlas; por ello debemos escuchar no sólo lo que dice, sino también la manera cómo lo dice. La comunicación no verbal es de suma importancia, pues con ella podemos expresarnos, *hablar en voz más alta y más fuerte* que con la comunicación verbal. Al escuchar debemos procurar no interrumpir; si lo hacemos y nos permitimos caer en la incontinencia verbal, ésta nos evitará escuchar bien y adecuadamente. Si escuchamos bien, percibiremos, interpretaremos, evaluaremos y responderemos de manera adecuada; además, debemos sentir, oír y captar expresiones y gestos corporales, así como interpretar y evaluar para responder bien y atinadamente.

Oír es distinto que escuchar. Lo primero es un acto pasivo y automático, y lo segundo es un acto de atención activa del cual podemos derivar preguntas y respuestas.

Al escuchar al enfermo podemos saber qué es importante para él, lo cual quizá nada tenga que ver con lo que suponemos; por ello, debemos darnos tiempo para escuchar tanto a sanos como a enfermos. Escuchar a alguien es de por sí terapéutico y muchas veces sólo hacer esto es suficiente para elevar la autoestima del enfermo; también reduce la tensión y lo ayuda a liberar sus sentimientos, lo cual le permite enfrentar mejor el problema y puede redundar en la cooperación que beneficie el desarrollo del tratamiento.

En la escala zoológica sólo hemos encontrado hasta ahora un caso de comunicación por medio de la palabra: el del *Homo sapiens* (Linneo, 1757), que además incluye gestos, tonos de voz, contacto físico y otros símbolos, lugar, momento, actitud, contacto visual, etcétera.

La actitud y la forma de hablar son muy importantes, dice Cicely Saunders, quien añade: "El tiempo es un asunto no de longitud, sino de profundidad". Si tenemos una buena actitud cuando hablamos con el enfermo, unos pocos minutos le parecerán mucho más largos que cuando le hablamos de mala forma. Saunders estableció los pasos siguientes para tener una buena comunicación con el enfermo: "Saludar al enfermo por su nombre y de ser posible darle la mano, presentarse por sí solo, explicar la razón de la visita. Si se puede, permanecer ambos sentados, escucharlo, dejarle tomar decisiones, mirarle a los ojos, visitarlo de forma regular y finalmente, que se dé la comunicación (la opción es comunicar o dejar de hacerlo)".

Las manifestaciones no verbales a veces acentúan la expresión verbal. En el caso de enfermos que no se pueden comunicar verbalmente debemos estudiar sus expresiones faciales, gestos, postura, y mirada. El tacto es útil para dar confianza, seguridad, apoyo y no abandono del enfermo; darle la mano, tocar su hombro, secarle la frente, abrazarlo, colocarle bien la almohada, etcétera, son cuidados que tienen mucho valor e importancia, pues ponen de manifiesto nuestro interés, preocupación, afecto, amor y agradecimiento por compartir los sentimientos más profundos.

Estar muy cerca del enfermo permite establecer contacto ocular, ya que la mirada intensifica el intercambio emocional, tanto de preocupaciones como de esperanzas. Participar y transmitir nuestros sentimientos o cualquier información se dirige mejor al destinatario cuando ambos actúan enlazados, pues tanto el emisor como el receptor hacen que la comunicación tenga lugar en diferentes medios, como el verbal, el escrito y no verbal. Hablan no sólo las palabras, sino también el modo de pararse, de sentarse, ver, escuchar, etcétera, todo lo cual es muchas veces más importante que un mensaje hablado. Así, resulta significativo recordar que también nos comunicamos por medio de nuestro silencio y de nuestra actitud.

La comunicación con la familia del paciente generalmente es difícil y tensa, porque la familia no contempla la enfermedad, sino que la vive con su enfermo. La familia es testigo del sufrimiento diario, sufre el estrés generado cotidianamente, vive el desbordamiento emocional; en ella puede presentarse la claudicación y, finalmente, puede abandonar al enfermo. Las pérdidas continuas, el duelo anticipado y la negación agotan el tiempo y la dedicación de la familia.

Asimismo, la comunicación, el apoyo y la información permanentes facilitan la adaptación de la familia a la situación. Decir o no la verdad al enfermo es un tema tratado en otros capítulos, pero resulta importante reiterar que el paciente tiene derecho a una información clara y objetiva sobre su enfermedad, tratamiento y pronóstico y que lo más conveniente es seguir el método de la verdad soportable y dosificada. Además, debemos decirla en términos comprensibles para él y sus familiares, aunque también el enfermo podría rehusarse a saber esta información, y debemos respetar su pleno derecho a no ser informado si así lo desea. Callar la verdad generalmente no evita que se conozca, y ocultarla muchas veces revela más que comunicarla. Si el médico, el enfermo y la familia no comparten la misma información, ocurrirá lo que en medicina paliativa se conoce con el nombre de *muro del silencio,* que impide al enfermo tomar decisiones, a la familia ayudarle y al equipo de salud llevar a cabo un tratamiento de alivio adecuado de los síntomas.

Cuando el enfermo llega a la fase terminal en la que ya no es factible curarlo, haremos todo lo posible por darle el mejor cuidado y hacerle saber que no lo abandonaremos, sino que lo confortaremos y lo más importante, que le ofreceremos presencia e interés, que lo visitaremos frecuentemente y que habrá contacto físico y una escucha atenta. Las palabras rara vez ayudan a una persona temerosa que se enfrenta a su muerte. Los temores del enfermo en fase terminal y de sus familiares requieren atención permanente, considerada y experta, y los problemas más difíciles de afrontar son la sensación de impotencia, la pérdida del control y el miedo al dolor y a la muerte. Por ende, es necesario que el equipo de salud esté preparado tanto para ayudar al enfermo y a su familia, como para protegerse a sí mismo emocionalmente.

# Calidad de muerte

*Lo que más vale la pena de la humanidad
es la pasión de luchar por la vida.*

NENTHUM

En las últimas décadas ha surgido el concepto de calidad de muerte, lo cual se debe básicamente a grandes investigadores como K. Walston, C. Burger, A. Smith y R. Baugher quienes, en su obra *Comporting the Quality of Death for Hospice and Non-hospice Cancer Patients,* la definen como "la calidad de vida que experimenta el enfermo en los tres últimos días de su existencia".

Los autores mencionados también diseñaron un instrumento para evaluar la muerte, en el cual destacan los objetivos siguientes como una medida de calidad de muerte:

- Estar en el lugar deseado.
- Ser el agonizante físicamente capaz de hacer lo que desee.
- No padecer dolor.
- Sentirse en paz con Dios, consigo mismo, y con el entorno.
- Participar en las actividades diarias habituales.
- Ser capaz de permanecer en el hogar tanto tiempo como desee.

- Morir dormido, sin conciencia.
- Sentirse en plenitud de facultades.
- Completar alguna tarea que considere importante.
- Ser capaz de aceptar la muerte.
- Vivir hasta que ocurra un acontecimiento que considere crucial.

Para alcanzar algunos de los objetivos mencionados, debemos controlar los síntomas, tener una buena comunicación, contar con apoyo emocional y poseer la capacidad para resolver problemas. Asimismo, debemos identificar las necesidades, preocupaciones y problemas del enfermo en fase terminal de la manera más precisa que permita una intervención eficaz. Para conseguir tal fin no hay que suponer nada; lo más importante, de ser posible, es preguntar al enfermo.

En el *hospice Saint Christopher* de Londres, la doctora M. Baines en su obra *Tackling Total Pain,* señala en referencia al dolor que experimentan los enfermos en fase terminal: "Es bastante excepcional que el dolor sea producido únicamente por factores no físicos; sin embargo, los problemas emocionales y sociales exacerban frecuentemente el dolor y, de hecho, se establece un círculo vicioso en que el dolor físico conduce a la ansiedad y a la depresión y éstas, a su vez, disminuyen el umbral para experimentar las sensaciones dolorosas".

En relación con lo que acabamos de mencionar, actualmente la psiquiatría y la psicología colaboran para comprender el malestar emocional y proponen tanto tratamientos como estrategias más precisas.

Para conocer el grado de bienestar de los enfermos en fase terminal, debemos evaluar las condiciones siguientes:

dolor, náusea, depresión, ansiedad, somnolencia, apetito, bienestar y ahogo, todo lo cual puede determinarse con las ocho escalas análogo-visuales del *Edmonton Symptom Assessment System* (ESAS).

Hay otra forma muy simple de evaluar el grado de bienestar de un enfermo en fase terminal: la percepción diferencial de la duración del tiempo en función del grado de bienestar que se experimenta en cada momento. Es decir, cuanto más largo nos parezca el tiempo, menor bienestar experimentaremos. Por el contrario, cuanto más corto nos parezca el tiempo, mayor será nuestro grado de bienestar. Esta técnica, además de sencilla, no plantea problemas éticos.

El objetivo general de la medicina paliativa es lograr un aumento del bienestar en los enfermos y comprobar que se alcance dicho objetivo, aunque el enfermo finalmente muera. Sin duda, éste es un éxito terapéutico.

*Uno de los secretos del mundo es que todo subsiste y nada muere, las cosas se pierden de vista y después reaparecen... Nada está muerto, los hombres se fingen muertos y simulan tener velorios y tristes funerales, mientras miran por la ventana, sanos y salvos, en su disfraz nuevo y desconocido.*

EMERSON

Capítulo 30

# Miedo a la muerte

*Así, todas las cosas cambian,*
*nada muere... aquí y allá vuela*
*el espíritu incorpóreo.*

OVIDIO

La biología afirma que la continuación de la vida depende básicamente de la salud del cerebro y del sistema nervioso: el *yo* es una construcción de nuestra mente y ésta un producto de nuestro cerebro. Pero si podemos abandonar el cerebro y el sistema nervioso, si nuestra conciencia es capaz de funcionar fuera del cuerpo físico, entonces nuestra identidad será algo mucho más complejo de lo que jamás pudimos soñar.

El profesor William Tiller, de la Universidad de Stanford, opina que el sistema corporal o somático del hombre está complementado por una o varias estructuras denominadas *conjunto humano.* Según Tiller existen tres niveles de lo que él llama *realidad corporal,* los cuales son iguales y complementarios a la forma física. Por ejemplo, la acupuntura presupone la existencia de un segundo cuerpo en que la energía circula por canales que hasta ahora son invisibles.

La medicina, para creer en la existencia de un campo vital o segundo sistema corporal, realiza observaciones de células humanas que se encuentran en condiciones de rechazar las mismas funciones y ordenarse entre sí, siguiendo la misma pauta de las células que murieron.

Las experiencias anteriores tratan de demostrar que el ser humano es más que un cuerpo físico y que las células que lo constituyen "tienen miedo", de cierta manera, de cometer el mismo error o seguir la misma pauta de las que les precedieron en morir.

*Mejor que la vida de 100 años del hombre que no percibe el estado de inmortalidad, es la corta vida de un solo día del hombre que siente el estado de inmortalidad.*

SIDDHARTA GAUTAMA BUDA

Una de las primeras personas en investigar el enigma de las experiencias cercanas o próximas a la muerte fue la doctora Elizabeth Kübler Ross. Como profesora de psiquiatría en el Hospital de la Universidad de Chicago, reconoció la necesidad psicológica de los pacientes en fase terminal de aceptar en buenos términos la idea de la muerte. Agnóstica, la doctora Kübler no se hacía muchas ilusiones, pues se refería a la muerte como el final de todas las cosas y nunca pensó en sentimentalizar el asunto.

Pese a todo, su opinión empezó a cambiar a causa del trato diario con los moribundos que vivían sus últimos días de existencia terrenal. Lejos de estar tristes, muchos de ellos se enfrentaban al final de su vida con agradable humor, alegres y casi distendidos; incluso algunos que sufrían de fuertes dolores y que durante varias semanas estuvieron deprimidos, cambiaron en los últimos momentos y parecieron esperar la muerte con serenidad. La doctora Kübler advirtió que este cambio de humor, con tendencia a la felicidad, se

MIEDO A LA MUERTE ✳ 125

producía a menudo después de supuestas visiones de sus parientes muertos, con los que a veces mantenían conversaciones. Al principio, la psiquiatra pensó que la aparición de aquellos espíritus junto al lecho de muerte era simple alucinación, causada posiblemente por un defectuoso suministro de oxígeno al cerebro.

Posteriormente, comprobó que algunos moribundos afirmaban haber visto apariciones de personas que no sabían que estaban muertas. Tal es el caso de una joven india que vio a su padre sólo segundos antes de morir: la doctora Ross creía que el hombre estaba vivo, pero al investigar se enteró de que había fallecido una hora antes que su hija. La multicitada doctora pensó que la joven no podía saber de la muerte de su padre, ocurrida solamente una hora antes que la de ella, pues la de él se debió a un ataque cardíaco. Otro caso es el de unos niños que sobrevivieron a un accidente automovilístico y sin saber quiénes habían muerto en el siniestro, referían apariciones junto a su cama; los aparecidos eran siempre los que fallecieron. En ningún caso los moribundos tuvieron apariciones de un pariente que siguiera vivo.

Cuando la doctora Kübler empezó a formular su teoría del *estado ecosomático próximo a la muerte* supo de una investigación que no sólo parecía duplicar sus hallazgos, sino que iba más lejos al afirmar la probabilidad de una vida después de la vida. A mediados de la década de 1970, el doctor Raymond G. Moody, filósofo y médico, se sintió intrigado por la evidencia de las apariciones en el lecho de muerte y después de estudiar los escritos del físico sir William Barret y del doctor Karlis Osis, quedó convencido de que podría aprender mucho si hablaba con quienes tuvieron contacto tan estrecho con la muerte, que podía afirmarse que "casi habían muerto". Eran personas que estuvieron a punto de morir bajo el bisturí del cirujano y después tuvieron una recuperación milagrosa.

En 1976, el doctor Moody había encontrado 100 casos de personas que sobrevivieron a una experiencia de *cuasimuerte*. Documentó y publicó los más impresionantes en un libro titulado *Vida después de la vida*, en 1977. Rápidamente se vendieron 3,000,000 de ejemplares y el doctor Moody descubrió que casi todos los que pasaron por la experiencia de cuasimuerte recordaban vivamente haber abandonado su cuerpo.

De acuerdo con el doctor Moody, el modelo de experiencia de *cuasi*muerte comenzaba con la apreciación por parte del sujeto de un zumbido incómodo y la sensación inmediata de ser transportado a través de un largo y oscuro túnel. A continuación, el sujeto se encontraba fuera de su cuerpo y casi siempre flotando cerca de él. El espectador incorpóreo tenía la visión de espíritus que le eran conocidos; después, tenía una sensación de amor y bondad que le parecía emanar de todo lo que le rodeaba, y percibía un ser de luz que representaba una entidad espiritual más elevada que le serviría de guía.

En seguida, ante los ojos del individuo próximo a la muerte, surgía una visión panorámica y secuencial de los hechos más importantes de su vida. Posteriormente tenía conciencia de que el momento no era el adecuado para morir y se daba cuenta de que debía regresar. Ya de nuevo en el cuerpo físico, se lamentaba haber abandonado aquel mundo de belleza, amor y felicidad.

El doctor Moody destaca que no hay dos experiencias de *cuasi*muerte idénticas, ni una sola que incorpore todo el modelo que acabamos de describir. Por lo general, quienes estuvieron más tiempo en el trance de *cuasi*muerte penetraron más profundamente en el otro mundo. La mayoría de los sujetos que pasó por la experiencia de *cuasi*muerte *perdió totalmente el miedo a la muerte*, y ninguno expresó angustia por haber estado tan cerca de ella.

*El alma del hombre es como el agua: del cielo cae y al cielo asciende y de nuevo regresa a la tierra, en continua alternancia.*

JOHANN WOLFGANG VON GOETHE

# La prueba de Ruskin.
# Respeto a la debilidad

*Si no utilizas, además de la cabeza,
tu corazón y tu alma, no ayudarás
nunca a nadie.*

Elizabeth Kübler Ross

Entre las bases que estructuran la medicina paliativa está el respeto a la debilidad que, desde el punto de vista ético, reconoce el valor de la vida disminuida en la fase terminal, considerando que la vida del hombre es siempre digna, aunque parezca reducida a un grado vegetativo y orgánico del vivir. Otro fundamento consiste en enseñar a reconocer los límites tecnológicos y ver cuándo son inútiles, cuándo es inevitable morir. Por ello, debemos reconocer que parte del respeto a la vida es aceptar la muerte.

La medicina paliativa tiene por objeto proporcionar calidad de vida y que cuando quede muy poca, cuando ya no podemos curar al enfermo, no le abandonemos sino que procuremos cuidarlo más. Hasta hace pocos años era frecuente ver en los hospitales cómo los médicos pasaban de largo por los cuartos de los enfermos incurables porque, según ellos, ya no había nada que hacer. Es preciso recordar que el enfermo en fase terminal tiene derecho a la atención, al tiempo y a la capacidad de los médicos, sin importar que ya no puedan curarlo; no debe ser discriminado. Por ello, en estos casos el doctor Herranz aconsejaba al equipo de salud someterse a *la prueba de Ruskin.*

Cuando Ruskin impartía el curso "Aspectos psicosociales de la vejez", pidió a las enfermeras participantes que describieran de forma sencilla cuál sería su estado de ánimo si tuvieran que asistir a pacientes como el descrito en el caso siguiente:

- Paciente que aparenta su edad cronológica.
- No se comunica verbalmente, ni comprende la palabra hablada.
- Balbucea de modo incoherente durante horas.
- Parece desorientado en cuanto a su persona, espacio y tiempo.
- Da la impresión de que reconoce su nombre.
- No se interesa ni coopera en su aseo.
- Hay que darle comidas blandas, pues no tiene dentadura.
- Presenta incontinencia de orina y heces, por lo cual hay que cambiarle y bañarle a menudo.
- Babea continuamente y su ropa está siempre manchada.
- No es capaz de andar.
- Su patrón de sueño es errático, pues despierta frecuentemente por la noche y con sus gritos, altera a los demás.
- Aunque la mayor parte del tiempo parece tranquilo y amable, varias veces al día, y sin causa aparente, se pone muy agitado y estalla en crisis de llanto inmotivado.
- Así son sus días y sus noches.

de dilapidar el tiempo de médicos y enfermeras; casos como éste deberían estar en los asilos, pues no hay nada que hacer con ellos". Sin embargo, las más optimistas señalaron: "Un caso así es una prueba muy difícil para la paciencia y la vocación de cualquiera". Desde luego, si todas las enfermas fueran así, el equipo de salud de los ancianos estaría compuesto de médicos y enfermeras "santos" y no de médicos y enfermeras comunes.

Cuando se dice a las enfermeras que sus respuestas son tanto incompatibles con la ética de no discriminar como injustificadas, los comentarios son de rechazo.

La prueba de Ruskin termina haciendo circular entre las enfermeras participantes una fotografía de la paciente: una preciosa bebita de 6 meses de edad. Después de calmarse las protestas de los asistentes al curso, "víctimas" de un engaño, es el momento de revisar si el compromiso de no discriminar puede ceder ante las diferencias de peso, edad, perspectiva vital, sentimientos que inspira el aspecto físico de los distintos pacientes o si por el contrario, las enfermeras han de sobreponerse a esos datos circunstanciales del paciente.

Es obvio que muchas enfermeras cambiaron su modo de ver al enfermo y se convencieron de que los ancianos son tan dignos como los niños y que los enfermos que consumen sus últimos días, incapacitados y con dolor, merecen el mismo cuidado que quienes inician su vida.

*Todos los seres humanos son dignos por el solo hecho de ser personas.*

ANÓNIMO

# Capítulo 32

# El funeral

*Me gustaría suprimir las pompas fúnebres.*
*Hay que llorar cuando los hombres nacen*
*y no cuando mueren.*

MONTESQUIEU, CHARLES-LOUIS DE SECONDAT, BARÓN DE

Lo mencionado por Montesquieu es poco reconocido en la actualidad, pero lo aceptado es que las ceremonias fúnebres sirven para ayudar a los dolientes y sus nuevas relaciones con el difunto, a fin de sobreponerse a su muerte. La necesidad de vivir el duelo y recibir consuelo es fundamental, pero lo medular del rito funerario es facilitar la transición al otro lado. No debemos olvidar al respecto que las honras fúnebres son una forma de descargar los sentimientos de culpa, y el funeral es una manera de preservar el lazo de unión entre el difunto, su familia y la comunidad.

El funeral es una despedida temporal y no una manera de olvidar. Como dice Lyall Watson: "En toda práctica funeraria va implícita la suposición de que la muerte no es el fin, sino que marca alguna forma de transición. Pero en nuestra sociedad, según la opinión más generalizada, la muerte es instantánea y lo único que justifica un retraso de dos o tres días entre ella y la disposición del cuerpo, es hacer algunos arreglos y dar tiempo para que los parientes y amigos se reúnan".

En el budismo tibetano, el propósito del funeral no es tanto presentar nuestros respetos al difunto o consolar a la familia, sino despertar al ser intermedio a su verdadera naturaleza.

Las personas con afiliación religiosa celebran el servicio fúnebre en una iglesia, templo o sinagoga, aunque puede realizarse en cualquier parte con o sin la presencia del clero. Los tributos a la memoria del difunto mitigan el dolor de familiares y amigos; el funeral es un rito de transición en el que el cuerpo del difunto se encuentra presente, mientras que en el servicio conmemorativo no hay cuerpo presente.

*Una muerte honrosa puede dignificar aun una vida innoble.*

CICERÓN

# Capítulo 33

# Eutanasia y ortotanasia

*Ningún moribundo pedirá una inyección
si lo cuidas con amor y le ayudas a
arreglar sus problemas pendientes.*

ELIZABETH KÜBLER ROSS

La palabra *eutanasia* proviene del griego *eu* que significa bueno, verdadero y del vocablo *thanatos,* que significa muerte. En su sentido original, eutanasia significaba "muerte sin dolor, feliz". La acepción de buena muerte fue utilizada por primera vez por Francis Bacon a finales del siglo XVI, en un sentido que no dista mucho del significado actual y que veremos adelante. En 1987, la Asociación Médica Mundial definió la eutanasia como "el acto deliberado, y contrario a la ética, de dar fin a la vida de un paciente, ya sea por su propio requerimiento o a petición de sus familiares".

Secundariamente la eutanasia también puede significar el acto de dar muerte sin dolor a una persona que padece una enfermedad o condición incurable y dolorosa; es matar por compasión y se usa como sinónimo de *muerte misericordiosa*. Además, puede abarcar acciones como retirar el tubo de alimentación, apagar el respirador, la no acción, la no administración de reanimación cardiopulmonar, etcétera. La medicina actual, al desafiar a la muerte y prolongar la vida, ha creado más infiernos que paraísos para algunos pacientes.

La noción de eutanasia incluye el elemento esencial de homicidio deliberado. En algunos pueblos primitivos se observó la costumbre de matar a los ancianos o a las personas muy enfermas, mientras que otros elaboraron códigos que protegían a los ancianos. En la Grecia clásica era suministrada cicuta a quienes lo pidieran para terminar con sus sufrimientos, y la palabra *eutanasia* era sinónimo de buena muerte.

En contraste, en aquellos días existía también en Grecia el juramento hipocrático que dice: "No daré ninguna droga mortal aunque se me pida, ni aconsejaré que se administre".

Francis Bacon dio al término *eutanasia* el significado de "aceleración de la muerte del enfermo", frase que no postula la muerte sino la ayuda a morir: acciones tendientes a aliviar el dolor. A su vez, en la Alemania nazi fue promulgada la *ley de higiene racial* que obligaba a notificar el nacimiento de niños con coeficiente mental subnormal o con minusvalías y enfermedades mentales. De esos niños, fueron asesinados 70,000 (eugenesia frustrada).

En 1935 se fundó la Sociedad Eutanásica en Inglaterra, y en 1938 el reverendo Charles Potter fundó en Estados Unidos la Sociedad Eutanásica de América. También en ese país y después de varios intentos entre 1906 y 1938, se fundó la Sociedad Eutanásica de Nebraska, la cual pretendía legalizar la eutanasia considerándola "la terminación de la vida por medios indoloros con el objeto de poner fin a los sufrimientos físicos", lo cual no fue logrado. Más tarde, hubo un proyecto en el cual se propugnaba por la ortotanasia, que significa muerte normal y que puede tener dos acepciones: la primera consiste en omitir la ayuda médica y dejar que muera el enfermo, en cuyo caso recibe el nombre de *eutanasia por omisión*. La segunda es una muerte justa y a su tiempo, la cual no se considera eutanasia y está dentro de los ideales éticos. También a la ortotanasia se le da el nombre de *adistanasia*.

Dicho proyecto proponía que: "Toda persona afectada por una enfermedad incurable, que padezca graves dolores y angustias, tendrá derecho a morir con dignidad y a rechazar o negarse al uso o aplicación, ya sea por médicos, practicantes o cualquier otra persona, de remedios destinados a prolongar su vida". Hasta el día de hoy sólo ha sido legalizada la eutanasia en Holanda, pero en Estados Unidos la ley *Natural Death Act* ha protegido el derecho a morir con dignidad.

La Iglesia católica rechaza la eutanasia porque atenta contra el amor hacia uno mismo, hacia la sociedad y hacia el derecho exclusivo que tiene Dios sobre la vida del ser humano. No obstante, por otro lado, la Iglesia católica no obliga al creyente a enchufarse a máquinas para sobrevivir, pero considera válido aliviar el dolor aunque acorte la vida. Rechaza la muerte activa, pero acepta dejar morir; permite renunciar a tratamientos que prolonguen de forma precaria y penosa la existencia, pero prohíbe interrumpir las curas normales que incluyen la administración de analgésicos y todos los cuidados necesarios. Los términos medios *ordinarios* y *extraordinarios* fueron cambiados por el papa Juan Pablo II a medios *proporcionados* y *desproporcionados,* para cuya evaluación se debe tener en cuenta el tipo de terapia, el grado de dificultad, y los riesgos y gastos en relación con los resultados esperados.

En el judaísmo, el *Talmud* describe al paciente moribundo como "aquel que no puede tragar su propia saliva". La dignidad humana es sinónimo de valor, y distingue a los hombres de los demás seres vivos, especialmente en lo que se refiere a la dignidad en la muerte. Entre estos lineamientos, el judaísmo enseña que cuando llega la hora de la muerte, el alma del moribundo desea dejar el cuerpo, por lo cual no debemos acelerar ni retardar el proceso natural. El rey Salomón menciona en el *Eclesiastés:* "Hay un tiempo para morir" y cuando este tiempo llega, el hombre ya no tiene obligación de prolongar su vida.

Como mencionamos en líneas anteriores, la Iglesia católica establece que debemos continuar con los cuidados que den comodidad, incluidos el alimento y el agua. Por ejemplo: podemos apagar el respirador a un paciente comatoso permanente, pero no dejar de alimentarlo. En el judaísmo, al igual que en el catolicismo, es condenada radicalmente toda forma de eutanasia activa (provocar la muerte mediante la aplicación de un agente letal), pero está permitido el rechazo de tratamientos de apoyo (eutanasia pasiva: provocar la muerte mediante la omisión deliberada de un cuidado debido, pero innecesario para la curación o supervivencia) si sólo prolongan el acto de morir y lo convierten en un encarnizamiento terapéutico.

El luteranismo considera que la eutanasia es un asesinato o suicidio, pero acepta que la naturaleza siga su curso cuando el enfermo agoniza, permitiéndole rechazar (eutanasia pasiva) la reanimación o los sistemas artificiales de apoyo tendientes al encarnizamiento terapéutico, pues, según dicha doctrina, finalmente toda vida humana se encuentra en manos de Dios.

*Después de todo, el hombre es el ser que inventó las cámaras de gas de Auschwitz, pero también el que entró en esas cámaras con la cabeza erguida y el Padrenuestro o el Shemá Israel en sus labios.*

VICTOR FRANKL

# Capítulo 34

# Conclusiones

*La naturaleza se ha reservado la cantidad suficiente de libertad para que no podamos penetrarla por entero o traerla al retortero por medio del saber y de la ciencia.*

JOHANN WOLFGANG VON GOETHE

La religión y la ciencia consideran que la muerte es amiga y enemiga, y concluyen que no podríamos vivir en otros términos que no fueran los de la muerte, la cual es necesaria para que cada generación deje sitio a la siguiente. No podría existir el universo sin la muerte tanto de las estrellas como de los organismos.

Cuando nos preguntamos ¿por qué moriremos?, podemos responder: Porque en el universo somos un suceso, somos hijos de las estrellas y cuando morimos, nuestros átomos se liberan y pasan a formar parte de otras construcciones.

Sólo podemos llegar a la vida por medio de la muerte, pues la energía es utilizada y reorganizada constantemente. Como ya mencionamos, la muerte es un inicio y no un final; además, es necesaria para que exista la vida, no sólo para que ésta ceda el paso a la vida, sino también para que dé lugar a la vida.

Será muy difícil educar para la vida si no somos educados para la muerte y, como hemos señalado, la muerte está inseparablemente unida a la vida, de forma que sólo mueren los que han vivido.

El hombre es un ser que sabe que ha de morir y, como decíamos, de alguna manera intuye y experimenta su eternidad. Esa intuición puede ser muy valiosa para profundizar en el sentido de la vida y explicar el sentido de la muerte, al mismo tiempo que esclarece la vida misma.

En este libro hemos señalado que la vida y la muerte exigen "ser" y "morir" a quienes nacieron algún día. Así, vivir en este mundo físico es una experiencia finita y la muerte llegará nos guste o no. Por eso debemos morir dignamente y cabe preguntarnos: ¿En qué consiste morir dignamente? ¿Cuál es su sentido? ¿Cómo podremos contestar a estas interrogantes?, si aún no conocemos el sentido de la vida y el hombre no encuentra explicación a su origen –mucho menos ¿adónde va a la hora de morir? Sin embargo, es seguro que cuando sepamos qué pasa en un extremo, sabremos que ocurre en el otro.

Nuestra labor no habrá sido infructuosa si usted lector, ha aprendido que enfrentar nuestra muerte nos dignifica y que volver la espalda a este aprendizaje nos dificulta vivir plenamente aquí y ahora. Encontrar sentido a la muerte permitirá hallar el sentido de la vida y si nos aferramos al sentido de nuestra vida, aprenderemos a soportar la enfermedad e iremos aprendiendo poco a poco el "oficio de morir".

Una muerte digna es no sólo una muerte sin sufrimiento, pues éste no constituye en sí mismo algo maldito, sino que tiene sentido y puede ayudarnos a encontrar el significado de la vida. La muerte será digna o indigna no tanto por la presencia de dolor o no, sino al corresponder con el decoro del individuo y si con ella alcanza el grado de perfección a que tendía su vida. La muerte será indigna cuando no permita al individuo perfeccionarse. La vida y la muerte son un continuo porque el sentido de una se prolonga en el de la otra.

*Vive de tal forma que al mirar hacia atrás no lamentes haber desperdiciado la existencia. Vive de tal forma que no lamentes las cosas que has hecho ni desees haber actuado de otra manera.*

*Vive con sinceridad y plenamente.*

*Vive.*

ELIZABETH KÜBLER ROSS

# Bibliografía

Agazzi, E., *Filosofía de la naturaleza. Ciencia y cosmología*, México, Fondo de Cultura Económica, 2000, 146 pp.

Aries, P., *El hombre ante la muerte*, Madrid, Taurus Ediciones, 1984, 522 pp.

Asimov, I., *Modos de morir. En el libro de los sucesos, cuentos, hechos, casos, cosas...*, México, Lasser Press Mexicana, 1981, pp. 382-397.

Baruk, H., *Psiquiatría moral experimental*. México, Fondo de Cultura Económica, 1960, 335 pp.

Bender, M. y cols., *Calidad de muerte*, Madrid, Tea Ediciones, 1996, 160 pp.

Bohm, D., *La totalidad y el orden implicado*, Barcelona, Ed. Kairós, 1998, 305 pp.

Bowker, J., *Los significados de la muerte*, Gran Bretaña, Cambridge University Press, 1996, 354 pp.

Cereijido, M. y Blanck Cereijido, F., *La muerte y sus ventajas*, México, Fondo de Cultura Económica, 1999, 157 pp.

Commelin, P., *Nueva mitología griega y romana*, México, Divulgación, 1955, 318 pp.

Champdor, A., *El libro egipcio de los muertos*, Papiros de Ani Hunefer, de Anhai, del British Museum, Madrid, La Tabla de Esmeralda, 1982, 158 pp.

Chopra, D., *Cuerpos sin edad, mentes sin tiempo*, Buenos Aires, Javier Vergara Editor, 1998, 383 pp.

De SaintExupéry, A., *El principito*, México, Prisma, 1985, 85 pp.

Dubos, R., *Los sueños de la razón-ciencia y utopía*, México, Fondo de Cultura Económica, 1967, 158 pp.

Dumay, M. G., *El principio del camino. Guía terapéutica para el tránsito a otra vida*, México, Plaza & Janés Editores, 2000, 198 pp.

Elías, N., *La soledad de los moribundos*, México, Fondo de Cultura Económica, 1989.

Fabry, J. B., *La búsqueda de significado. La logoterapia aplicada a la vida*. México, Fondo de Cultura Económica, 1998, 271 pp.

Frankl, V. E., *Psicoanálisis y existencialismo*, México, Fondo de Cultura Económica, 1967, 311 pp.

— *Ante el vacío existencial. Hacia una humanización de la psicoterapia*, Barcelona, Herder, 1990, 152 pp.

— *El hombre en busca de sentido*, Barcelona, Herder, 1996, 132 pp.

— *La presencia ignorada de Dios. Psicoterapia y religión*, Barcelona, Herder, 1994, 127 pp.

— "La psicoterapia al alcance de todos", conferencias radiofónicas sobre terapéutica psíquica, Barcelona, Herder, 1992, 193 pp.

— *Logoterapia y análisis existencial. Textos de cinco décadas*, Barcelona, Herder, 1994, 320 pp.

— *Teoría y terapia de las neurosis. Iniciación a la logoterapia y al análisis existencial*, Barcelona, Herder, 1992, 292 pp.

Frazer, J. G., *La rama dorada*, México, Fondo de Cultura Económica, 1969, 860 pp.

Gómez, M. A. y Delgado, J. A., *Ritos y mitos de la muerte en México y otras culturas*. México, Grupo Editorial Tomo, 2000, 126 pp.

Gras, A., *Enseñanzas sobre el más allá basadas en "El libro tibetano de los muertos"*, Barcelona, Ediciones oniro, 2000, 214 pp.

Jaeger, W., *Paideia: Los ideales de la cultura griega*, México, Fondo de Cultura Económica, 1957, 1 152 pp.

Jeans, J., *Historia de la física*. México, Fondo de Cultura Económica, 1968, 419 pp.

Jung, C. G., *Respuesta a Job*, México, Fondo de Cultura Económica, 1964, 132 pp.

— *Teoría del psicoanálisis*, Barcelona, Plaza & Janés, 1972, 205 pp.

Kapleau, P., *El renacer budista. Una guía espiritual para los momentos de transición,* México, Arbol Editorial, 1990, 457 pp.

Karo, I., *Síntesis del shuljan Aruj, Código de prácticas rituales y leyes judías,* Buenos Aires, S. Sigal, 1956, 288 pp.

Kirkwood, T., *El fin del envejecimiento,* Madrid, Tusquets Editores, 2000, 290 pp.

Krausse, C. M., *La muerte. Un esbozo bibliográfico,* México, INAH, 1994, 106 pp.

Kübler Ross, E., *La rueda de la vida,* Bilbao, Grafo, 1998, 379 pp.

—*Sobre la muerte y los moribundos,* Barcelona, Grijalbo, 1975, 360 pp.

— *Una luz que se apaga,* México, Pax-México, Librería Carlos Cesarman, 1985, 217 pp.

Laing, R. D., *El yo dividido,* México, Fondo de Cultura Económica, 1964, 216 pp.

Lavelle, C., *Introducción a la ontología,* México, Fondo de Cultura Económica. 1966, 135 pp.

Lazarus, R., *Proceso a la muerte,* México, Océano de México, 2000, 379 pp.

Levy-Valensi, E. A., *El diálogo psicoanalítico,* México, Fondo de Cultura Económica, 1965, 224 pp.

Longaker, Ch., *Afrontar la muerte y encontrar esperanza. Guía para la atención psicológica y espiritual de los moribundos,* México, Grijalbo, 1998, 302 pp.

Lugo Olin, M. C., *En torno a la muerte. Una bibliografía,* México, 1559-1990, México, INAH, 994, 213 pp.

Mauge, R., *Freud,* Barcelona, Bruguera, 1972, 223 pp.

Molina, N., *Mística en la física,* México, Plaza y Valdés, 1998, 293 pp.

Moody, R. A., *Vida después de la vida,* Madrid, EDAF, 2000, 212 pp.

Newton, M., *La vida entre vidas,* México, Océano de México, 1996, 313 pp.

Nuland, S, *Cómo morimos: reflexiones sobre el último capítulo de la vida,* Madrid, Alianza editorial, 1995.

Pareja, G. y Victor E. Frankl, *Comunicación y resistencia,* México, Premia Editora, 1989, 356 pp.

Pérez Valera, U. M., *El hombre y su muerte. Preparación para la vida,* México, Editorial His, 1997, 326 pp.

Rebolledo Mota, J. F., *Aprender a morir. Fundamentos de tanatología médica*. México, Imprefin,1999, 315 pp.

Rimpoché, S., *El libro tibetano de la vida y de la muerte*, Barcelona, Editores Urano, 1994, 510 pp.

Sarton, G., *Ciencia antigua y civilización moderna*, México, Fondo de Cultura Económica, 1960, 132 pp.

Satprakashananda, S., *Karma, reencarnación y liberación*, México, Editora y D. Yug, 1999, 208 pp.

Sellares, M. y Anguera, O., *Como envejecemos y por qué morimos*, México, Diana, 1975, 175 pp.

Sherman, H., *La vida después de la muerte*, México, Diana, 1978, 208 pp.

Sherr, E., *Agonía, muerte y duelo*, México, El Manual Moderno, 1999, 273 pp.

Spinoza, B., *Ética*, Madrid, Altamira, 1984, 295 pp.

Thomas, L.V., *La muerte, una lectura cultural*, Barcelona, Paidos, 1991, 159 pp.

— *Antropología de la muerte*, México, Fondo de Cultura Económica, 1983, 640 pp.

Toynbee, A. y cols. *La vida después de la muerte*, México, Hermes/Sudamericana, 1997, 319 pp.

Trevit, N., *Se me está acabando el tiempo*, México, Ed. Jus, 1974, 153 pp.

Viorst, J., *El precio de la vida. Las pérdidas necesarias para vivir y crecer*, Buenos Aires, Emecé Editores, 1995, 397 pp.

Weiss, B. L., *A través del tiempo*, Barcelona, Graphy Cems, 1997, 296 pp.

— *Muchas vidas, muchos sabios*, Buenos Aires, Javier Vergara Editor, 1989, 221 pp.

Whitton, J. L. y J. Fisher, J. *La vida entre las vidas*, México, Planeta, 1992, 190 pp.

Yalom, I. D., *Mamá y el sentido de la vida*, Buenos Aires, Emecé editores, 1999, 274 pp.

Si desea recibir más información
o apoyo tanatológico, puede
ponerse en contacto con
el autor:
55 75 01 59
044 55 54 77 06 54
ebeharb@hotmail.com

Esta obra se terminó de imprimir
en enero de 2010, en los Talleres de

*IREMA, S.A. de C.V.*
Oculistas No. 43, Col. Sifón
C.P. 09400, Iztapalapa, D.F.